民昌国盛

开放40周年中国农业发展

赵李娜　编著

北京出版集团公司

北京出版社

图书在版编目（CIP）数据

农昌国盛：改革开放40周年中国农业发展 / 赵李娜
编著. — 北京：北京出版社，2019.12
　ISBN 978-7-200-15176-3

　Ⅰ.①农… Ⅱ.①赵… Ⅲ.①农业发展—概况—中国
—现代 Ⅳ.①F323

中国版本图书馆CIP数据核字（2019）第215014号

责任编辑：赵　宁
执行编辑：贺祁阳
责任印制：彭军芳
装帧设计：贾　旭

农昌国盛
改革开放40周年中国农业发展
NONGCHANG GUOSHENG

赵李娜　编著

出　　版	北京出版集团公司
	北 京 出 版 社
地　　址	北京北三环中路6号
邮　　编	100120
网　　址	www.bph.com.cn
总 发 行	北京出版集团公司
发　　行	京版北美（北京）文化艺术传媒有限公司
经　　销	新华书店
印　　刷	天津联城印刷有限公司
版印次	2019年12月第1版第1次印刷
开　　本	787毫米×1092毫米　1/32
印　　张	9.375
字　　数	200千字
书　　号	ISBN 978-7-200-15176-3
定　　价	88.00元

如有印装质量问题，由本社负责调换
质量监督电话　010-58572393

前言

　　1978年十一届三中全会的召开和农村家庭联产承包责任制的实行拉开了中国改革的序幕，这也是农村改革的起点，到2018年改革的脚步已经走过了整整40年。这40年是全体中国人民在中国共产党领导下，解放思想、实事求是、发展经济、稳固社会主义的40年，也是工农业迅速发展、城市与乡村迅速变革的40年。本书主要以改革开放以来党和政府对于农业的重大政策为纲，以体现农业生产关系重大调整和生产力解放和发展的若干历史现象与成果为目，以改革开放重要时段为主线，对40年来中国农业发展的重要成就和历史经验进行概述式描写和客观总结评价，以期为当代国史书写树碑立传，为当代农史研究添砖加瓦，为公共史学实践提供个案。

一、为当今改革开放蒲牒写书

　　本书主要研究改革开放40年（1978—2018）来中国农业的发展历程，这首先是改革开放的历史。40年来中国创造了无数的奇迹，取得了举世瞩目的成就，在政治上真正实现了社会主义民主，在经济上显示了社会主义的优越性，文化不断进步，居民生活水平日益提高，这些都归功于党领导人民进行的改革开放。

中国改革发端于20世纪70年代末，当时中国较为完整的国民经济体系、基本制度框架与中华优秀传统文化支撑了改革，而传统体制存在的弊端为改革突破口的选择提供了指引。中国改革不是自然发生的，1978年农村率先尝试实行家庭联产承包责任制，奏响了改革开放第一声强音；从20世纪80年代中期开始，广大农村的乡镇企业异军突起，为国民经济贡献良多。作为改革开放的主要载体空间，广大农村为改革助力良多；作为改革开放的主要实践者，广大农民是这一场轰轰烈烈的运动的真正受益者；作为改革开放的支柱产业，农业不但自身得到了发展，也为其他非农产业的改革提供了宝贵经验和绝佳借鉴。邓小平同志曾指出："农村搞家庭联产承包，这个发明权是农民的。农村改革中的好多东西，都是基层创造出来，我们把它拿来加工提高作为全国的指导。"[1]

作为改革先锋队和排头兵的"三农"，一直是党和政府改革的重点和要点，其中农业的发展就是这一重点举措的巨大成就。40年里农业发展取得了惊人的进步和成果，农民获得了土地自主经营权，增强了生产积极性，农业商品流通体系运营顺畅，产业结构渐趋合理，乡镇企业异军突起，农业税取消，科技转化率节节提高，生态农业建设初见成效……农业的发展给国家的社会主义现代化建设打下了坚实基础，也促进了工业的进一步发展和人民生活水平的提高，所有这一切都应成为当代历史书写的重要内容和关注对象。为当今改革开放蒲牒写书，这是本书写作的最大宗旨。

二、为当代农史研究添砖加瓦

本书从某种程度来说属于当代农业史范畴。我国素有农业记录和农史研究的传统。且不说先秦《诗经·国风》中大量的农业场景记载，还有各类礼书中的月令记载，历史时期由于各朝各代"以农立国"的政策导向，各类农学书籍层出不穷，《氾胜之书》《四民月令》《齐民要术》《四时纂要》《农桑经》等作为其中的经典名著，为保存我国农业文化遗产做出了不可磨灭的贡献。到了清末，罗振玉、高润生等学者为了保存中国传统农学精华，开始有意识地收集整理以及研究中国传统农业文献遗产；至20世纪20年代，金陵大学图书馆与美国农业部组织合作部合作汇编的中国古代农书索引成为中国近代农史研究之先声。这样奠定了中国农史研究的传统，但这些都是对于农业历史的研究，其着眼点是古代。20世纪80年代以前，在农史学界对于当代的研究也并不是学科的重点，而使得当代农史研究归属于以当代农业为主要研究对象的农学诸学科。农史专家张波先生指出，当代农史研究肇始于20世纪80年代兴起的"当代中国丛书"，由于这项倾注举国上下彻悟意识的基本国情文化工程，囊括中华人民共和国成立以来当代政治、经济和文化的各个领域，而当代中国农业以基础产业地位占据丛书支柱的卷帙。在此契机下，20世纪90年代初期"当代中国丛书"编纂工作的总体完成促使以当代中国历史为内容的"国史研究"蔚然成风。国务院专门行令倡导，分门设馆使得国史各个领域迅速走上现代学术体制化轨道；农业部也遵制行政，首先由部局级领导组成中国农史编研领导小组，并建立起实体性机构——当代中国农史研究室以完成"当代中国丛书"的农业部分由"丛书"向"国史"过渡，这便是当代农史研究肇始之因。但是我们应该看到，即使有了当代农史研究的班底，农史学界对于当代农业史的研究也未形成基于农学和历史学结合的思辨研究传统。一方面，由于研究题材和领域的特殊，研究当代农史的学者一般都分属于农学的各个学科如农业技术、农业经济管理、农业决策等；另一方面，古代农史的研究依然是农史学科的重点，农史科学的成果大多只在农史圈内传播，而上述农学学科的人却少有问津，同时农史学界在构筑学科体系和发展规划时也并未将当代农业历史作为学术研究的重点。这就使得当代农业发展研究亟须史学的观照，而历史学的学科优长即在于此，因此本书的写作亦期待为当代农史研究添砖加瓦，这是本书宗旨之二。

三、为公共史学实践提供个案

公共史学是相对于从事专深研究的学院派史学而言的，是指将史学研究转化成常识，用大众喜闻乐见的语言文字或影像图片来向公众传播和普及历史知识的史学活动。如果说学院派史学旨在以专深研究来创作和生产历史知识，那么公共史学则是旨在运用各种大众传播手段来传播历史常识，引导大众塑造正确的历史观。

20世纪七八十年代，公共史学在西方兴起，一部分历史学者开始走出书斋，致力于让历史回归公共领域和公众生活，致力于让公众参与历史的解释，赋予他们历史主体地位，民众历史意识开始觉醒。如果按照一些历史学教授所认为的那样，学科意义上的公众史学是研究公众历史的写作及通俗传播的学问体系。实践层面的公众历史是指公众可以消化的历史作品，它可以是写公众的小历史作品，也可以是公众写的大历史作品。公众史学的学科框架主要有五个部分，即通俗史学、应用史学、小历史书写、公众写史、口述史学[2]。我国早有公共历史书写的传统，只不过没有形成真正意义上的学科，这与中国农耕文化重史的传统积淀是分不开的。顾颉刚在1946年反思抗战前中国史学发展时，仍然对"抗战前的史学界，大家投向专的方面，而忽略了通的方面"的现象表示不满，认为专家的研究固然是史学界的基石，万万缺不得，可是接受专家研究的成果并将其融会贯通后给一般人看的普及读物也不可或缺，因为"唤起民族意识，把握现代潮流，都靠在这上了"，所以他希望以后的中国史学应当"两条路都走，两种人才都培养，然后可以学尽其用"。早在20世纪初开始，以梁启超为代表的新史学倡导者们也曾经从事过类似于西方概念意义上的"公共史学"实践，梁启超在《新史学》中指出史学是国民之明镜、爱国心之源泉，认为关注现实、走向公众、承担社会责任是新史学的最高意义。在此思想指导下，史学界开始关注通俗史学的实践活动，清末民初以《国耻小史》为名的书籍有众多版本，都是当时的史家所作，其中，吕思勉1917年所著的《国耻小史》令人瞩目，到1941年已出版25版。[3]

1949年中国历史学发展成真正意义上的马克思主义史学。20世纪50年代末60年代初，吴晗主持编写的"中国历史小丛书"和"外国历史小丛书"号召从事历史研究的专家学者"应该把提高的成果用通俗可读的文字普及给广大人民，使这些东西成为广大人民知识的组成部分"，当时，一大批历史学家都参与了这项史学普及工作，如吴晗、宁可、万绳楠、侯仁之、任继愈、何兹全、戴逸、邱汉生、贾兰坡、罗哲文、单士元、万国鼎、魏瀛涛、周谷城、齐思和、罗荣渠等，他们编写的历史通俗读物，也深得普通民众的信任和喜爱。

20世纪80年代以后，白寿彝等史学家又重拾史学为民之功用，以"大家写小书"为宗旨为民众呈现了《史学遗产六讲》，此外还有一些史学家从理论上对通俗史学进行了探讨，主要是批判当时一些粗俗、恶俗读物披着通俗史学的外衣的现象。

21世纪前10年，中国的公共史学真正进入辉煌的迸发时期，印刷文本、影像文本、网络文本等各种文本的历史作品蜂拥而出。首先是媒体中学者通俗讲史的热潮出现。众所周知的《易中天品三国》《王立群读史记》《阎崇年说清史》等都是这一时期的代表作，中央电视台《百家讲坛》是学者讲史的较大平台和载体。其次是民众写史的积极性增强。当年明月（笔名）的长篇通俗历史作品《明朝那些事儿》七卷本接连出版，成为畅销书。这充分说明新时期由于国家的富强和人民的富裕，民众又重新关注历史书写并以己身观照历史，史学的重要性又开始凸显。同时，公共史学的理论与实践得以从西方学界引入中国史学界，由此引发众多学者对于这一学科的讨论。这些学术探讨尤其对于史学家在公共史学中应有的态度进行了反思和倡议，认为历史学者也应该是公共史学实践的主力，指出将本学科严肃规范的研究成果转化为广大民众喜闻乐见的历史知识，是学院派史学家的责任。至于如何转化？笔者认为可以借用俄罗斯历史学家K.A.列文森在2013年3月16日给萨维利耶娃的回信中的观点：

"您提出的问题是，当一个历史学家成为'公共历史学家'时，他头脑中有何转变。我想到一种可能的答案。当他在博学多闻的同事们面前讲话时，他应该说出点新的东西，这是他自己给历史学家们的知识宝库添砖加瓦。而当他在'公众'面前讲话时，他应该讲出这一宝库中的许多知识。这些知识对于历史学家们来说庸常无奇，但对于普通人来说则是闻所未闻——也就是说，他的任务不再是丰富历史学家们的知识宝库，而是将其介绍给公众。另外，只有在职业人士面前，才需要讲到研究方法、问题的研究程度、概念争议之类，即所有的认识论；而在非职业人士面前，首先要讲结果，讲出'事实究竟怎样'，即以叙述的形式讲出事件和人物，而且要用通俗的语言，使用尽可能少的术语和注释，因为每个术语都需要解释，而注释只能增加发言人说话的分量，无法使听众参与到这一过程中来。"[4]

这也是本书的另外一个重要向度，通过对改革开放40年来中国农业发展的历史进程的梳理，探求党和民众为中华民族伟大复兴所进行的制度发明和产业创新，以严肃规范的研究成果作为基础，最终呈现通俗的史学读物，使民众能了解这场伟大改革的来龙去脉，洞悉上层建筑与经济基础间的关联，为历史学科中的公共史学实践提供可资借鉴的个案。

四、叙事框架与历程阶段构思简述

1978年到2018年的改革开放40年，是中国当代史的重要篇章。虽然改革自农村和农业先行，但很快就开始在城市及工业进行，这是一场涉及全社会、各个领域的变革，因此要研究这一变革必须有较为清晰的时间节点来把握其进程和发展情况。这首先就要提到改革开放分期的问题。自20世纪90年代改革开放取得阶段性胜利以来，党史和当代史学界开始对改革开放的分期有所关注，随着改革开放10年、20年、30年胜利的延续，改革开放分期的两分法、三分法、四分法都成为学界的讨论热点。所谓两分法是以邓小平同志南方谈话和党的十四大召开的时间1992年作为分界点，将改革开放20周年分成两大时期。三分法、四分法与两分法不同之处是在1979—1992年的划分上，1992年之后基本上是一样的。有的学者以党的十二届三中全会为节点，认为1979—1984年是以中国农村改革为重点的时期，而1984—1992年是以深化改革为重点的时期。[5]还有一些学者以党的十三届三中全会为界，认为其后乃至十四大之间的主题是"治理整顿，深化改革"。[6]李忠杰教授在党的十七大闭幕后，以"改革开放的历史进程和启示"为题，论证了改革开放的时期问题，他将党的十三届四中全会、十六大作为划分时期的节点，形成了"1979—1989"、"1989—2002"和"2003—现在（2008）"三个时期。[7]党史专家朱佳木先生在2009年从经济社会发展道路或目标模式角度观察和划分历史时期，从而将党的十四大、十六届三中全会作为划分时期的节点，改革开放分成三个时期就是"1979—1992"、"1992—2003"以及"2003—至今（2009）"三个时期。[8]由于两位学者的论著发表都正好是改革开放30周年之际，而本书的研究对象是改革开放40年历史中的中国农业，既要考虑改革开放过程中党的重要会议和重大决议对于全国局势的影响，又要考虑到本书的研究对象——中国农业的发展趋势。本书认为党的十四大（1992年）、十六大（2002年）、十八大（2012年）是三个重要的时间节点，在这个过程中，国家针对"三农"问题的改革逐步深化。十一届三中全会至十四大前夕是我国农村率先进行改革，实行家庭联产承包责任制、改善商品流通体系以及乡镇企业异军突起的阶段，由此也奠定了我国改革开放农业发展的现代化之路，1992年邓小平南方谈话其实是这一阶段改革的总结，包含从农业改革中获得的有益经验，也预示着下一阶段的改革走向深化。从党的十四大开始，党和国家将农村农业策源地的先进改革经验进行改进提炼，推广到城市地区，由此引发了深化经济体制改革的滚滚大潮，这一阶段（1992—2001年）农业又回归反哺工业、反哺城市的阶段，在城市改革的大潮中缓步前进，乡村地域输出的大量劳动力为城市改革助益良多。与此同时，城市的大踏步前进使得"三农"问题凸显，也使得国家下决心在下一阶段（2002—2011年）重新将改革调整为城市、农村两手抓的制度策略，以改革农业税费和彻底取消农业税为成果，同时，中国加入世界贸易组织后，中国农业从原先的"改革"真正迈入面向世界贸易市场的"开放"阶段，这是这一阶段农业发展的主要亮点。自2012年党的十八大召开以来，中国开启了农业现代化建设的新步伐和新时代，供给侧结构性改革及生态农业、绿色农业、食物安全体系、休闲农业、乡村旅游、美丽乡村建设等都体现着党、国家及人民对农业基础地位的关注。随着城乡一体化的发展，我国农业走上了新型农业的发展道路。

注释

[1] 邓小平：《邓小平文选·第三卷》，人民出版社1993年版，第382页。

[2] 钱茂伟：《公众史学的定义及学科框架》，《浙江学刊》2014年第1期。

[3] 姜萌：《学院派史学与公共史学》，《山东社会科学》2010年第9期。

[4] И.М.萨维利耶娃著，张广翔、李振文译：《"公共史学"刍议》，《社会科学战线》2015年第10期。

[5] 张军扩：《中国改革历程的回顾与反思》，《延安大学学报》2005年第5期。

[6] 孙占元、燕芳敏：《改革开放的历史进程与中国特色社会主义理论体系》，《理论学刊》2014年第2期。

[7] 李忠杰：《改革开放的历史进程和启示》，《南京师大学报（社会科学版）》2008年第6期。

[8] 朱佳木、本刊记者：《我们应当怎样看待新中国的两个30年——访中国国史学会常务副会长、中国社会科学院副院长朱佳木研究员》，《思想理论教育导刊》2009年第11期。

作者简介

赵李娜（1981—），山西运城人，历史学博士，文学、民族学博士后，华东政法大学传播学院副教授、硕士生导师，日本神奈川大学访问学者，中国民俗学会理事。主要专业领域为中国历史地理学、民俗学、民族文学、文化遗产保护与创意产业研究等，在核心期刊发表学术论文数十篇，已出版的著作有《江苏建置志》（合著）、《神》（独著）、《上海石库门生活习俗》（独著）等。

目 录

〔第三章〕 锲而不舍，砥砺前行

工业反哺农业与向现代农业迈进（2002—2011）

〔第四章〕 硕果盈枝，继往开来

农业现代化建设的新步伐（2012—2018）

筚路蓝缕，以启山林

第一章

改革初兴与生产关系的调整

（1978—1991）

　　1978年冬天，安徽省凤阳县梨花公社小岗队[1]，一群被饥饿和贫穷折磨的农户终于由副队长严俊昌偷偷召集到严立华家开会，商量如何不吵不闹，好好地开展生产，多打粮食。

　　老农严家芝说："1961年搞的责任制很管用，要想不吵不闹，只有分开单干，其他办法我看是没有。"

　　关延珠说："刚解放时，我们都是单干，那时人们都和和气气，家家都有余粮，单干肯定能干好，但是政府不允许，你们当干部的也不敢干。"

　　随后大家都你一言我一语，纷纷发言，说出了自己的心里话：

　　"再这样大呼隆干下去死路一条！"

　　"包干到组倒不如包产到户，自己救自己。"

　　……

　　"既然大家都想单干，如果都同意两个条件，我就同意包产到户。"这时严俊昌站起来说，"第一，夏秋二季每户打的粮食就要把国家的公粮和集体提留交齐，谁也不能赖账；第二，我们是'明组暗户'，不准对上级和外村人讲。"严家芝又补充了一条："今后干部们如果因为搞包干到户犯法进了班房，他们家的农活我们全队帮着干，孩子帮助养到18岁成人。"

　　口说无凭，立字为据，摁上手印，这就是为无数媒体竞相报道的"红手印"的故事。从此18个农户彻底将土地、农具、牲口等按人头分到各家，从此小岗队开始了真正包干到户的农业生产。这也被称为中国农业生产责任制改革的先声。[2]

第一节

建立家庭联产承包责任制，因地制宜发展生产

农业生产责任制是指明确规定农业生产经营单位的成员对其承担的任务有一定的责任、权力的一项管理制度。实行农业生产责任制要求对任务承担者的职责范围、任务要求、奖励条件以及为完成任务双方应有的权利、义务等都有明确的规定。家庭联产承包责任制是我国农业生产责任制的主要形式。为什么说这是一项改革？这还要从1978年之前中国普遍实行的农业生产经营方式说起。

一、实行农业生产责任制之前

中国传统农业一直是以家庭为主要单位的生产经营方式，在中央集权和半殖民地半封建社会，多奉行土地私有政策。土地兼并使得土地占有极不平均，农民大都因为要租种地主的土地而与其形成人身依附关系，在中华人民共和国成立之前中国农村差不多一半的土地都在地主手中，农民只有租种地主的土地才能

生存。由于地主对土地的垄断性，使得土地租金特别高，常常达到作物产量的50%，这就使得广大佃户受经济剥削很重而苦不堪言。从20世纪40年代起，中国共产党在解放区实行土地改革。1952年，中国土地改革基本完成，彻底推翻了从春秋战国时期开始延续了2000多年的封建土地所有制，消灭了地主阶级。这是一次生产关系的伟大革命，深刻地促进着生产力的进步和发展。

刚刚成立的中华人民共和国紧接着又面临着新的严峻形势，国家刚从战争的废墟中建立，百废待兴，经济建设上的难题接踵而至。为了尽快增强国力，国家采取了重工业优先发展的战略，这一战略使城市人口的增加和对食品及其他农产品需求的增长。当时我国外汇储备严重不足，不可能从国外进口粮食，因此这一需求就只能通过国内自身农业生产来满足。国家想通过学习苏联的集体农庄形式来进行规模经营，扩大农业生产，以彻底改变中国小农经营的传统面貌。

中国传统小农经济以家庭为主要生产单位，有着经营分散、生产资料缺乏等特点，但民间自有其解决方式，也就是以"互助组"的形式进行协作生产。这是由相邻的四到五户人家，在生产资料和劳动力上互相帮助，以达到协作生产的目的。这是在中国农村自古就存在的一种由农民自发组织的松散的协作生产方式，具有不受时间限制、临时性和季节性等特点，当然也有常年性的。总之，农民自发的互助组以自愿为主，体现的是真正的民间生产智慧，在1949年至1952年期间，互助组一直也是国家大力提倡的一种农业生产经营合作方式。

从1952年开始，随着国家重工业战略的实施和粮食的短缺急需，国家决定大力发展合作化。从互助组到初级合作社，即将合作由原来的四五户人家扩大到20～30户成为一组，"以土地入股，集体经营，按劳力和土地分红"，并利用合作社这种农村经济特有的组织形式，使农产品的交易成本降低，以获得剩余价值来支持工业发展。这种方式虽然使农民应得的经济福利大大降低，但除了土地外，农民还拥有其他生产资料的所有权，比家庭单干还是有利一些的。因此初级合作社短时间内吸引了不少农民参与，获得了不错的收益成果。

1956年随着国家全面经济建设的展开，粮食购销危机的凸显和统购统销政策的最终确立，中央决定再次加快农业合作化的步伐，因此迎来了1956年农业合作化的第二次高潮。在高级社形式下，所有的生产手段和生产资料都集体化。高级社的收入以劳动的贡献为基础分配，也就是我们所俗称的"挣工分"形式。一个农户的收入取决于家庭成员所得工分数和一个工分的平均值，后者反过来又取决于集体劳动的总收入。一个高级社的规模最初由30个农户组成，而后变成由一个村所有的农户也就是50～200户组成。当时高级合作社以"人民公社"的名字固定下来，并在20世纪50年代中期到70年代末期的中国农村实行了长达20多年之久。其经济效益也是少得可怜：从1957年到1978年，中国人均粮食占有量仅仅增加14.9公斤[3]，农民人均每年从集体中分到的现金收入仅增加了4.7元。

中国有句古语叫作"穷则思变"，此处之"穷"虽然并不完全为"贫穷"之意，但形容1978年的中国广大农村还是比较贴切的，现实的困境使得农民迫切需要生产关系的变革。

二、从"大包干"到各种生产责任制

1978年2月中旬，江苏滨海人吉诏宏被任命为中共凤阳县委副书记以及县革委会主任（后改称县长），他一到任就为当地的穷困所深深震撼，这一现象也引发他的深思，于是马不停蹄地在全县进行深入调研。4月，他来到全县最穷的梨园公社小岗队，按常理来说当时应该是春暖花开的农忙季节，但小岗队却是一幅破败不堪的景象：农田里人影稀少，大部分青壮年都外出讨饭去了，只有老弱病残在此耕作，队里连续23年没有上交一粒公粮。前不久小岗队偷偷将土地分包到组，但这些生产组不是父子组，就是兄弟组，实际上是明组暗户地搞分田单干，陪同的干部还告诉吉县长，他们准备抓住这个反面典型，坚决抵制这股歪风邪气。

吉诏宏则对他们说，虽然中央三令五申说不许包产到户，不准分开单干，但小岗队可能是穷怕饿急了，就让他们先试试看再说。后来吉诏宏又多次到小岗队帮他们解决生产生活中遇到的一些具体困难。在县长的默许和保护下，小岗人胆子更大了。半年后的1978年11月24日，小岗队终于暗暗地实行了"包干到户"的责任制，于是就有了本章开头的那一幕。

1979年秋天，小岗队迎来大包干后的第一个丰收：粮食产量从1978年的1.8万公斤猛增到6.6万公斤，是过去5年的总和；油料产量3.5万斤[4]，是过去20年的总和；完成征购任务2万多斤，超额7倍多；人均年收入400多元，是上年的18倍！

包干到户是中国农村改革的先声，是中国农民的伟大创举。1976年"文革"结束，在解放思想、实事求是的理论空气下，农民的自主性和干部的开明思想完美配合，从而以星星之火迅速达到燎原之势。其实，除了小岗队，同时期的山东等省市地都出现了"包干到户"形式的萌芽。

在全国上下一心的努力下，在十一届三中全会上通过了《中共中央关于加快农业发展若干问题的决定（草案）》和《农村人民公社工作条例（试行草案）》两个重要文件。文件虽然并没有明确地指出在全国推行生产责任制，但都提到了"保护生产队的所有权和自主权""规定可以在生产队统一核算和分配的前提下，包干到户作业组，联产计酬"等规定。根据这两个文件的精神，有一些省市依据自身情况已经开始搞包干到组或包产到组等责任制的试验活动，此时可以称得上是生产责任制的试点阶段。

当时各地包工到组、包产到组等责任形式特别多，到1980年3月，全国实行不联产的各种包工责任制的核算单位，占全国生产队总数的55.7%，包产到组的占全国生产队的28%，余者都是实行包产到户和包干到户的生产队，或是未实行包工、包产责任的生产队。[5]

事实证明，实行责任制的地方都取得了不错的经济效益与社会效益：产量增加了，生产积极性上去了，农户不务正业、吵嘴打架的情况也少了，人人都特别有干劲，农村面貌焕然一新。

三、推广与完善

1980年9月，中共中央召开各省、市、自治区党委第一书记座谈会，讨论加强和完善农业生产责任制的问题，会议纪要以《关于进一步加强和完善农业生产责任制的几个问题》为名作为当年中央75号文件下发，其中谈到"各地干部和社员群众从实际出发，解放思想，大胆探索，建立了多种形式的生产责任制"，并认为"不同的地方，不同的社队，乃至一个生产队，都应从实际需要和实际情况出发，允许有多种经营形式、多种劳动组织、多种计酬办法同时存在。随着生产力水平的提高，这些办法和形式，不同时期又会有相应的发展变化"，提出"在那些边远山区和贫穷落后的地区，长期'吃粮靠返销，生产靠贷款，生活靠救济'的生产队，群众对集体丧失信心，因而要求包产到户的，应当支持群众的要求，可以包产到户，也可以包干到户，并在一个较长的时间内保持稳定"。这一会议以更为明确的方式给广大农村和农民施行生产责任制提供了保障。中央75号文件下发后，中国农业改革加速，各地开始以明确的形式施行责任制。从全国看，除了黑龙江部分地区尚未实行，其余20多个省区的联产承包责任制大部分已经深入人心，广大干部和农民都真正感受到政策带来的好处。虽然当时各界还有对联产责任制各项形式孰优孰劣的讨论，但各地基本上都是根据自身的情况来选择责任制施行的具体类型和方式。如1980年3月19日至4月2日，康坦和曹燕明在皖东北滁县地区的凤阳、来安和宿县地区的固镇等3个县的8个公社14个生产队，通过实地观察、家访、同干部交谈，对这些地区农村当前推行的多种形式的生产责任制情况做了初步调查，了解到当地生产责任制的形式有评工记分、包产到组、大包干、小宗作物包产到户、口粮田、包产到户等形式，只有第一种形式——评工记分是不联系产量的责任制，后五种均是联系产量的责任制，这几种形式在各个大队都分别存在，体现了当地农民因地制宜的生产原则。经过实践，各种形式的生产责任制都在不同程度上起到调动农民积极性、促进生产发展的作用。特别是联产责任制，能更准确地反映劳动的数量质量，因而比不联系产量的责任制更受社员欢迎，增产效果也更为明显。

生产责任制能调动农民积极性、促进农业生产迅速发展的原因是什么？

一是切实贯彻了按劳分配的原则。多种形式的生产责任制以产计工，责任到组到人，使产量和劳动直接联系起来了，不仅农民能分到包产的部分，而且超产归己。农民认为，以前吃大锅饭，好坏一个样，有劲不能使；现在实行联产计酬责任制，谁家劳动好，谁家就增产多，分红多。

二是真正实现了民主种田。由于实行生产责任制，任务指标明确，农民对生产的成果承担了经济责任，能够做到群策群力，精打细算，因时因地安排种植。过去社队干部往往单纯对上级负责，一年四季忙在"催"上；现在为了保证增产增收，人人关心集体，人人为集体操心。

三是能有效抵制多吃多占现象。实行责任制后，超产部分和包产部分农民心中有数，该交该卖该留一清二楚，平调不容易了，干部多吃多占困难了。

四是能进一步提高劳动生产率。实行责任制后，一个是降低了生产成本，注意了经济核算，节约了非生产性开支；再一个是劳动力得到节约、工效得到提高，有了剩余劳动力，为发展家庭副业和社队企业提供了条件；还有就是有利于发挥农民的聪明才智，搞好科学种田。例如，山西永和县署益处公社南寨大队特点是地多人少又缺水。农民们为了解决肥和水的问题，在种玉米和谷子的时候，采用壕种的办法，集中施肥和抗旱保墒，加上选择优良品种和合理安排行株距离，收到显著效果：平均亩产550斤，比过去一般播种方法的亩产300斤增加了250斤。

第二节

改革农产品供销政策，重建商品流通体系

　　粮票，这个曾经计划经济时代的产物，相信60后以及年纪更长一点的人应该都有记忆。2016年，合肥市肥东县六家畈开办了一个"安徽票证博物馆"，馆内展出了数千张中华人民共和国成立以来各个时期的粮票，同时馆内还收藏了许多老证件，唤起了不少市民内心深处的记忆。走进博物馆，橱窗内各种精美的票证一下吸引了人们的注意。粮票的年份从中华人民共和国成立初期一直到20世纪80年代，应有尽有；同时，票证种类繁多，粮票、食用油票、布票……在展馆内都能看到。

　　粮票是我国在特定经济时期发放的一种购粮凭证，这个时期，实行粮食统购统销制度。随着改革开放的实行，购销政策得到调整，粮票逐渐退出历史舞台。

一、政策松动：探索改革粮食收购制度，适当放宽流通领域（1978—1984年）

十一届三中全会原则通过的《中共中央关于加快农业发展若干问题的决定（草案）》规定："粮食统购价格从1979年夏粮上市起提高20%，超购部分在这个基础上再加价50%。棉花、油料、糖料、畜产品、水产品、林产品等的收购价格，也要分别情况，逐步作相应的提高。农业机械、化肥、农药、农用塑料等农用工业品，在降低成本的基础上逐步降低出厂价格和销售价格，把降低成本的好处基本上给农民。农产品收购价格提高以后，粮食销价一律不动；群众生活必需的其他农产品的销价，也要基本保持稳定；某些必须提价的，要给予消费者以适当补贴。"

大幅度提高农产品的收购价格和降低农业生产资料的价格，本质上是以较为直接的经济手段满足农民的物质利益要求，通过价格杠杆调动农民的生产积极性。

首先是调整征购基数。水稻地区口粮在200公斤以下的，杂粮地区口粮在150公斤以下的，一律免购。

其次是提高收购价格。粮食统购价从1979年夏粮上市起提高20%，超购部分在此基础上再加价50%[6]。1979年，国务院陆续提高了18种主要农产品的收购价格，平均提高24.8%[7]。

再次是加大议价、超购加价的比例。1979年至1982年，国家向农民收购的农副产品（不包括购自国营农场的产品和征收的农业税）中，统购牌价所占比重逐年下降，从1978年的88.4%下降到1982年的60.7%[8]。

购销政策的调整与家庭联产承包责任制经营体制的实行，一来促进了经营权的自主化，二来使粮食收购价格上升，在客观上起到了调动广大农民生产积极性的双重作用，因此也获得了农业大幅度增产、农民收入提高的良好效果，与此同时，国家掌握的粮食总量也获得了增量，缓解了粮食供应的压力。

从1983年起，各地粮棉"卖难"问题普遍出现。1984年底全国农村工作会议反映，当时最尖锐的问题是粮食"卖难"。如吉林省有130亿斤粮食愁无出路，河南省则有140亿斤粮食难以处理[9]。1985年全国粮食局长会议指出，1983年和1984年的农民卖难现象的出现，是影响粮食生产的其中一个因素[10]。

而与此同时，国家财政压力增大。由于政策的缘故，1979年到1985年农副产品收购价实际上提高了66.8%，而同时城镇职工及居民的粮、油、肉、蛋、奶、菜、煤、肥皂等主要日常生活用品都由国家补贴，也就是说国家既要为农副产品收购价的提高"买单"，又要为由此而来的农副产品在城市的价格上涨为城市居民"买单"。"一个萝卜两头切"，国家付的钱当然比以前要多许多。根据统计，1978年至1984年相关补贴金额由

55.60亿元上升到320.85亿元，占当年财政收入比重也由8.4%增至24.6%[11]。

统购统销制度的松动与改革的探索引发了粮食产量增加和农民增收的正向效应，但同时也导致了国家财政负担过重、农民卖粮难、区域不平衡和管理上成本增高效率降低等现象，这也恰恰说明光在"购"上也就是农产品生产流通中的上游渠道控制价格并非治本之策，还需要在下游也就是"销"的方面进行疏导，才能双管齐下，达到货物流通顺畅的目的。其实早在1982年1月1日，《全国农村工作会议纪要》中就提出了农村商品流通方面的一些意见，建议在坚持统购统销政策前提下，农副产品收购要坚持国家、集体、个人三兼顾，不能只顾一头，必须多方设法疏通和开辟流通渠道。这说明此时中央已经开始意识到流通下游"销"的问题，但此次文件只是从宏观层面给出了思路而并未明确提出具体措施，因此也并没有引起很大的实践反响。随后在1983年中央1号文件《当前农村经济政策的若干问题》中给出了具体措施，也就是说要在调整购销政策的同时改革国营商业体制，放手发展合作商业，适当发展个体商业；实现以国营商业为主导，多种商业经济形式并存，打破城乡分割和地域封锁，广辟流通渠道。这就为统购统销改革明确了主导思想和具体的思路和基本方法。同年商业部也根据此次中央1号文件精神制定了《关于完成粮油统购任务后实行多渠道经营若干问题的试行规定》，申明在坚持统购统销制度的同时，农民完成统购任务后的余粮，可以通过国营商业、供销社等合作商业组织、自身进城和出县出省贩运等三种渠道实现多种渠道经营，但应以国营商业为主渠道；同时规定以粮食为主要原料的工商业、农村"四坊"与饮食业可自行采购粮食并加工出售，大部分机关团体、事业单位、工矿企业可在不贩运的前提下采购食用粮食。这一规定等于适当放宽粮食集市贸易，又重申了国家打开多种流通渠道的态度，虽然仍以国营商业为主渠道，但仍有政策突破的意味。

紧接着1984年10月召开的十二届三中全会提出了"建立自觉运用价值规律的计划体制，发展社会主义商品经济"，指出"把农村改革引向深入"的任务，其中运用价值规律、发展商品经济的提法进一步为购销改革提供了政策依据和方向思路。而1984年全国粮食产量突破4亿吨，达4073亿公斤，比1978年增长33.6%，社会粮食商品率达30%以上。粮食供求形势明显好转，为进一步推进粮食流通体制改革创造了有利条件，但是"卖粮难"的问题也开始浮现。同年12月14日，全国农村工作会议指出1985年国家对粮食要实行定量收购政策，针对价格体制、财政体制、流通体制互相掣肘而增加的解决"卖粮难"问题的困难，必须有计划地加以改革；同时粮食生产必须继续抓紧，把重点放在调整品种结构上，从各方面考虑农产品收购数量和价格的确定[12]。在中央的改革思路下，各地也纷纷启动寻找各自的改革新路。

二、过渡阶段：取消统派购制度、合同定购、市场收购双轨并行（1985—1991年）

经过1978年到1984年国家上下对统派购制度改革的探索，大家都认识到统购统销制度对于农业经济和生产力的束缚，也尝到了前一阶段家庭联产承包责任制实行和购销制度松动对于农业生产发展的积极作用。1985年是真正在制度上前进一步的时候了，首先在年初的中央1号文件《关于进一步活跃农村经济的十项政策》中，第一项就是"改革农产品统派购制度"，规定从1985年起，"除个别品种外，国家不再向农民下达农产品统购派购任务，按照不同情况，分别实行合同定购和市场收购"，其中"粮食、棉花取消统购，改为合同定购"，由商业部门在播种季节前与农民协商，签订定购合同；"生猪、水产品和大中城市、工矿区的蔬菜，也要逐步取消派购，自由上市，自由交易，随行就市，按质论价"，"其他统派购产品，也要分品种、分地区逐步放开"，"取消统购派购以后，农产品不再受原来经营分工的限制，实行多渠道直线流通。农产品经营、加工、消费单位都可以直接与农民签订收购合同；农民也可以通过合作组织或建立生产者协会，主动与有关单位协商签订销售合同"。总的来说，除个别商品外，国家不再向农民下达农产品统购统派任务。区分不同情况，分别实行合同定购和市场收购。粮食、棉花实行合同定购，定购的粮食按照"倒三七"定价（三成按原统购价，七成按原超购价）。但若市场粮价低于原统购价，国家仍按原统购价收购；定购的棉花南北方分别按照"正四六"和"倒三七"价格定购，定购以外的粮棉等均可自由上市[13]。此次文件的出台显示了中央对于统派购制度改革的信心和力度，实行了30多年的统派购政策正式被取消了，这也意味着我国的农业生产开始迈向市场调节阶段。1985年5月17日，国务院批转财政部《关于农业税改为按粮食"倒三七"比例价折征代金问题的请示》的通知，明确将农业税以征收粮食为主改为折征代金，也就是说允许农民以交钱的方式来缴纳征购粮。此外，1985年3月，中共中央、国务院发出的《关于放宽政策、加速发展水产业的指示》指出："水产品全部划为三类产品，一律不派购，价格放开，实行市场调节。"可以说1985年一系列农业文件的出台，增强了农民的市场意识，对促进农村产业结构调整、增加农民收入和培育农村市场机制起到了一定的积极作用。

　　在新的购销模式下主要农产品采取合同定购和市场收购相结合的模式，并规定了定价比例，也就是说一方面保证了国家对于粮食的一部分计划性收购，另一方面超出的部分交给市场进行调节；另外，多种品种和数量的农产品均可自由上市，为与市场互动提供了可能性。1985年，粮食产量出现了1978年以来的第一次减产，从上年的40731万吨骤减到37911万吨，减幅达7%；接下来到1988年的几年内，除了1987年略有上升，其余年份均低于1984年水平。这一方面是因为家庭联产承包责任制对于生产力提高的政策红利正在回落，另一方面是合同定购与市场收购结合的方式在一定程度上削弱了市场开放的积极活力，这主要以农民产粮积极性有所减少表现出来。因为以合同形式"定量""限价"收购粮食，给农民的信号是国家不要那么多粮食了[14]；从上到下对粮食的估计也比较乐观，认为吃饭、穿衣问题已不再成为前进中的障碍[15]。因此在1985年粮食大幅度减产、市场粮价迅速回升的情况下，国家没有提高粮食合同定购价格，农民不愿意与政府签订合同。有些地区为了使得国家收购到足够的粮食以保证城市里有平价粮食供应，还采用封锁市场或其他强制性行政手段来落实定购合同。国家实行"市价涨了还是按合同价收购，没有按市场价收购。只实行合同收购制，完成后允许进行市场交易，叫作双轨制。一个合同制，一个议价制。议价按市场，平价按合同，作为一种过渡体制"[16]，重新赋予合同定购以"国家任务"的性质，但是要求逐步缩小合同定购数量，扩大市场议购数量。之前进行政策设计时的"三成按原统购价，七成按原超购价"未能得到落实，而使国家走上了"双轨制"的政策阶段。具体讲，在收购方面是两种性质（定购、议购）、两种价格（国家规定的比例价和市场议价）。粮食双轨制是政府进一步放开粮食购销的重要举措，实质上是购销和价格的双轨制，被农民群众形象地称为"稳一块，活一块"，也就是说政府的收购量和价格是"稳定"的，而市场的收购量和价格则是"活"的[17]。实行合同定购两年来，情况并非尽如人意。原因是多方面的，主要是开始时对合同定购的性质认识不清，强调了合同本身的经济性质，而忽略了定购任务的指令性。后来提出了合同定购既是经济合同又是国家任务。

粮食统派购改为合同定购，本来是希望以经济手段进一步促进粮食生产，但由于各种原因实际的执行结果是合同定购变成了"指令性任务"，委托代购变成了加价派购，可进入市场流通的粮食因这两项的加码而缩小。同时由于合同定购价格偏低，与市场价格差距更大，这样当然影响农民的切身利益，使农民承担合同定购任务的积极性降低。为此在1985年底到1988年期间国家为了弥补"双轨制"的种种不适，也采取了一系列措施。

一方面从1987年起，推行粮食合同定购与政府供应平价化肥、柴油和发放预购定金"三挂钩"措施，也就是说以平价粮食收购价对应平价生产资料的"双向平价"，并于1989年将粮食合同定购价格提高16%[18]，表现了在坚持合同定购的基础上国家保障农民利益的决心和态度。另一方面从1988年起，各地根据国家政策对城市居民发放副食品价格补贴，包括猪肉、鲜蛋、食糖、大路菜等4种主要副食品[19]。这样就初步解决了粮价上涨所引发的城市居民生活压力问题，但是这些举措只是为解决当时面临的问题而采取的过渡性稳定措施，要想彻底解决双轨制所带来的尴尬局面，需要进一步深化改革。1988年5月17日《人民日报》刊发《不能走回头路》一文，指出粮食购销"双轨制"相对统购统销来说是一种进步；但对成熟并有计划的商品经济机制而言则只能作为过渡性措施。因此要加快改革步伐，逐步加强市场调节的作用，但绝不能掉过头再走"统"的老路。这一问题的最终解决当然还是在"销"上，也就是说只有将农产品流通终端彻底放开才能使得粮食生产销售这一河流畅通无阻、长流不息，而这种放开归根结底当然要经过多年的努力探索才能彻底实现。

1991年11月，中共十三届八中全会通过的《关于进一步加强农业和农村工作的决定》指出，在国家宏观调控下逐步放开经营，从而有计划地解决粮食收购价格偏低和购销价格倒挂的问题。在该政策引导下国家短期内两次提升粮油价格，到1992年4月基本实现了粮油购销同价，为进一步推行购销改革奠定了价格基础。随之1993年2月国务院《关于加快粮食流通体制改革的通知》指出，进一步向粮食商品化、经营市场化方向推进，最终使得沿袭几十年之久的国家指令性粮食生产和销售计划被彻底取消，"粮食统购统销制度已经结束，适应市场经济要求的购销体制正在形成"[20]。

第三节

调整产业结构，发展多种经营

　　"产业"，简单来说是指具有某种特性的企业的集合或系统；"结构"，为各个组成部分的搭配和排列。从1940年左右，"产业结构"这一概念开始应用于经济学领域，用来代表国民经济的部门结构，主要指国民经济各产业部门之间以及各产业部门内部的构成。一般来说一个国家的产业结构可以用第一产业（农业）、第二产业（工业）和第三产业（服务业等）来初步划分，有关于"三农"（即农村、农业、农民）的产业结构又有"农村产业结构"与"农业产业结构"两个概念。农村产业结构指的是农村产业经济部门的比例构成，一般来说也是由农业、工业、服务业搭建而成的结构比例；而"农业产业结构"总体上来说指的是"大农业"，也就是农林牧渔各产业部门的比例关系和结合方式。从层次上来说，又可以从生态结构、布局结构、比例结构三个方面来分析农业产业结构。首先，农业产业生态结构分为农、林、牧、渔，四者共同决定了农业的生态环境。其次，农业产业布局结构可按两个标准划分：根据生产条件可分为农林型、农牧型、农渔型等，根据地貌可分为山区丘陵型、水域型、城市及郊区型等。第三，农业产业比例结构，是农林牧副渔在农业总产值中各自所占比例。因此农业产业（生产）结构主要指在某个区域内农业产业各生产部门如种植业、林业、畜牧业、渔业、农林牧渔服务业及部门内部各生产项目之间的构成比例和组合形式。

农业产业结构还可以分为三个层次理解：宏观来说为生产结构，主要指农业各生产部门之间的比例关系，即种植业、林业、畜牧业、渔业、农林牧渔服务业的比例关系；中观来讲为种类结构，主要指同一生产部门中不同农产品种类之间的比例关系，如种植业中的粮食作物、经济作物和饲料作物的比例关系，又如畜牧业中耗粮型牲畜和非耗粮型牲畜的比例关系；微观层面则表现为品种结构，主要指某类农产品中不同品种之间的比例关系，如粮食作物中小麦、玉米、水稻、马铃薯等农产品的比例关系，又如经济作物中油菜籽、花生、芝麻、烟叶等农产品的比例关系。总之，不论在哪个层面上理解农业产业结构，其最理想的境界都是实现各种资源的合理利用与优化搭配，从而达到产业效益的最大化。

一、改革开放以前我国农业产业结构状况

从现实生活上来讲，农业产业结构与我国的传统饮食结构关系密切。饮食结构就是各种性质来源的食物在饮食中所占比例以

及重要与否的划分，一般来说分为主食、副食和饮料三大类。我国是粮食生产大国，同时也是人口大国。在漫长的历史中形成了以稻米、小麦为主食，蔬菜、肉、蛋、奶为副食的饮食结构。从历史演进形态来看，人类最初是以采集、渔猎为主度过了漫长的旧石器时代，依赖较为广义的食物生存；但自距今10000～8000年的新石器时代早期开始，当自然生态系统不足以维持人群生存时，他们就开始驯养动物和种植植物，这便是农耕文明的萌芽，畜牧业也从早期的豢养小动物发展到以养动物为食的驯养经济阶段。从资源利用和产出的关系来看，畜牧业需要大量土地资源作为支撑，而在气候水土适宜种植的土地上从事谷物生产，经济效益有可能超过畜牧业。这样的比较优势导致了黄河流域局部地区从草地畜牧业向耕田种粮过渡，战国秦汉时期以降，牛耕和铁制农具的使用更加快了这一历史进程。加上长江流域从新石器早期以来萌芽并发展成熟的稻作传统，我国古代除了边疆少数民族与一些大山、沿河湖地区民众依靠游牧、采集、渔猎经济，在人口密集的"胡焕庸线"（黑河—腾冲线）以东地区长期以来都以"南稻北麦种植"作为主要的生计方式，逐渐形成中国古代"以粮为主"的生计传统与饮食方式。历史时期各朝各代的政策导引与政治形态也使得这种传统趋于稳固，"以粮为主"的传统在我国漫长的发展进程中也起到了积极的历史意义。

中华人民共和国成立之初在以毛泽东同志为首的党中央集体

领导下逐渐形成了"以粮为纲，全面发展"的农业思想。这一思想是毛泽东历来高度重视粮食问题的真实反映和自然延续，也是当时中华人民共和国成立初期缓解粮食紧张和"以农养工"实现工业现代化的现实必要。

需要指出的是，这里的"以粮为纲，全面发展"并不仅仅是对种植业的重视，还透露着"多种经营"的农业产业结构信息。1957年制定的《1956—1967年全国农业发展纲要（修正草案）》对中国的农业生产做出长远规划，谈道："在优先发展粮食生产的条件下，各地应当发展农业的多种经济。"

1960年3月19日，中共中央转发农业部党组《关于全国农业工作会议的报告》，指出我国的社会主义建设已经进入一个新的阶段，在此阶段中，我国的农业应当是以粮为纲，"粮、棉、油、菜、糖、果、烟、茶、丝、麻、药、杂"十二个字统一安排，全面发展多种经营，此时"以粮为纲，全面发展"作为党指导农业工作的重要方针被正式写入中央文件。随后在同年七八月间，中共中央在北戴河召开工作会议，通过了《中共中央关于全党动手，大办农业，大办粮食的指示》，文件强调："农业是国民经济的基础，粮食是基础的基础。粮食生产是比工业生产还要费力的事情，粮食问题的解决，不仅直接关系到人民的生活，而且直接影响到工业的发展。因此，加强农业战线是全党的长期的首要任务。"且文件指出保证粮食生产，不只是农业部门的责任，而是各部门共同的责任和全党、全民共同的责任；文件还强调了"以粮为纲，全面发展多种经营的方针，必须坚持"。

应该说"以粮为纲，全面发展"的农业指导方针在中华人民共和国成立初期的国民经济建设中起了重要作用。1965年统计数字显示国家各项农业产量指标都比往年有所增长[21]，说明了这一政策的适用性。但是"文革"时期"全面发展"的指导方针并未在实际生产中得到真正的执行。全国很多地方不顾当地实际情况，一味以粮食生产为主，完全违背了因地制宜发展多种生产和经营的客观均衡要求。

在1960年到1978年近20年的发展进程中，我国农业产业结构布局总体上顾及"以粮为纲"方针，大部分都采取掠夺式的方法开发土地来扩大种植业生产，这样的结果是严重破坏了原有植被，也使得土地不断退化和土壤不断沙化。同时，粮食的人均产量也并未得到真正提高，反而使得居民饮食结构处于结构性的不平衡和匮乏状态。改革开放以前我国农业产业结构的基本特征是整个农业以种植业为主，林牧渔各业占据非常次要的位置；在种植业中，粮食作物比重又占据主要地位，经济作物、蔬菜、水果等产业极其不发达，更未走向流通领域；畜牧业则以养猪为主，长期处于从属的副业地位；水产业也占据次要位置。这是一种"粮食即农业"的单一化结构，造成我国农业生产不能满足社会需求、不能充分合理地利用自然和经济资源以及不能保持农业生态平衡的后果。

二、改革开放初期对于农业产业结构的宏观调整

十一届三中全会以来，在党的关于农村及农业的方针政策指导下，中国农业产业结构进入一个迅速变革的新时期。首先是1978年十一届三中全会讨论到农业问题，认为"全党目前必须集中主要精力把农业尽快搞上去，因为农业这个国民经济的基础，这些年来受到了严重的破坏，目前就整体来说还十分薄弱。只有大力恢复和加快发展农业生产，坚决地、完整地执行农林牧副渔并举和'以粮为纲，全面发展，因地制宜，适当集中'的方针……"，由此释放出党中央恢复农业多种经营的信号。接下来在十一届三中全会上原则通过的《中共中央关于加快农业发展若干问题的决定（草案）》经过数月的实行与实践，于1979年9月在十一届四中全会上经党中央修改后一致通过并正式颁布施行，成为改革开放后农业布局的指导方案。《决定》指出："过去我们狠抓粮食生产是对的，但是忽视和损害了经济作物、林业、畜牧业、渔业，没有注意保持生态平衡……我们一定要把我国优越的自然条件充分利用起来，把各方面的潜力充分挖掘出来，使农、林、牧、副、渔各业都有一个大的发展。……要有计划地逐步改变我国目前农业的结构和人们的食物构成，把只重视粮食种植业、忽视经济作物种植业和林业、牧业、副业、渔业的状

况改变过来"，同时特别强调"在抓紧粮食生产的同时，认真抓好棉花、油料、糖料等各项经济作物，抓好林业、牧业、副业、渔业，实行粮食和经济作物并举，农、林、牧、副、渔五业并举"。

从1979年开始到20世纪90年代初期，基于农业生产结构调整和合理利用资源等目标，我国进行了农业区划的理论研究与实践工作，为农业发展助力很多。

农业区划是从整体规划、协调发展的角度对农业发展过程中地域优势的发展、资源的合理开发利用、生产结构的调整和空间布局的优化进行战略部署，对农业区域化、专业化、现代化的形成具有重要的地位和作用。它是政府干预区域经济和对农业进行宏观调控的重要手段，目的在于弥补市场机制的缺陷，因此长期以来受到国内外农业研究者和政府的重视。早在20世纪30年代我国就有少数学者进行过农业区划的研究，而真正有组织、有计划开展全国范围的农业区划工作是在20世纪五六十年代。由于当时各省区对农业区划工作缺乏统一的认识和方法，加上一些历史原因，农业区划工作被迫中断，因此总的来说此次工作并未取得很好的效用。直到1978年我国的农业区划工作才真正步入科学研究和扎实工作的正常轨道。国家开始有计划地组织各级单位进行农业区划的调研工作。1981年编写完成的《中国综合农业区划》报告，总结了我国农业资源的特点，论述了农业结构布局、技术改造所面临的问题，并对全国进行了农业区域划分。到1985年底首次形成了国家、省、县纵向层次的农业区划体系。从20世纪70年代末到20世纪80年代末90年代初的十多年，在农业区划必须为"两个转化"服务的思想指引下，不断拓宽农业区划的内容，强调在查明农业资源、分区划片的基础上重点研究一定时段内各区域农业资源的合理利用和农业的分区发展问题；强调各级综合农业区划工作必须以农业生产结构和布局的现状评价与合理调整为核心，把实现合理的农业生产结构与布局作为综合农业区划的主要目的，将分区划片看成是因地制宜实现合理的农业生产结构布局的必要手段之一。

以农业区划为宏观指导依据，总的来说是要在保证粮食生产稳步发展的前提下使棉、油、麻、丝、茶、糖、菜、烟、果、杂各项经济作物和其他农副产品得到全面发展。同时注意不破坏水土保持和良性生态平衡。农业生产力争突破单一生产量的框框向产业的深度和广度进军，大力发展林业、牧业、水产业和各种经济作物种植，提高它们在农业产业结构中的比重，使我国多种多样的自然资源得到广泛开发和合理利用，给农村丰富劳动力资源提供更多的生产机会。经过十多年的努力，到1990年，在我国的农业总产值构成中，种植业产值份额迅速下降，养殖业等产值份额大幅度上升；农业以粮食种植业为绝对主体的旧有产业结构开始向农林牧副渔全面发展、综合经营结构转变。种植业内部产业结构经过重整，粮食作物播种面积和产值比重呈递减趋势，经济作物和其他高价值作物比重明显上升；在粮食生产结构中，细粮和饲料粮播种面积及产量份额均明显增加，粗粮作物的份额相应减少。从具体数字上来看，1978年和1990年的对比是十分惊人的。种植业在其比重有所降低的情况下，产值稳步上升，由1978年的1117.50亿元增加为4954.26亿元；林业则由48.06亿元上升为330.27亿元，退耕还林和植树造林工程起到了很大的作用。牧业产值由209.37亿元上升为1967亿元，发展速度较快，这应该与各农牧交错带的退耕还牧有一定关系；渔业产值由22.07亿元上升为410.56亿元。总的来说，种植业在自身产值上升的情况下在农业总产值所占比重逐年下降，由1978年的80%下降为1990年的64.7%；而林牧渔业的比重逐渐上升，由1978年的20%上升为35.3%[22]。

各地都根据具体情况对当地的农业产业结构进行了积极的调整，如地处韩江下游的广东省汕头市黄厝围大队属于人多地少的平原地区，当地干部与群众在长期实践中不断摸索，创出一条农牧渔互相结合、互相促进，大农业良性循环的路子。首先通过合理安排种植布局，调整粮食作物与经济作物、粮食作物与豆科作物的种植比例，使种植业内部之间互相促进，解决好种地与养地的关系。其次在发展种植业的同时，积极发展畜牧业和水产业，三者互相促进，实现有机农业和生态良性循环。种植业的发展提供充足的畜禽饲料，促进了畜牧业发展，而畜牧业的发展又提供了大量的肥料和资金为促进种植业的发展做贡献。同时，由于种植业和畜牧业的发展，提供大量农作物的藤、叶、茎、秆和畜禽的粪便作为鱼的饲料，又促进了水产业发展。渔业又是一个肥料仓库，每年可挖塘泥四五万担，这些可作为优质有机肥料的塘泥又对促进培肥改土提高种植业产量起到很大作用。如此一来便实现了大农业的良性循环。在实行家庭联产承包责任制、改进技术等推动下，该大队达到粮食生产直线上升、经济收入大幅度增加、六畜兴旺、渔业大增产的局面，同时还避免了掠夺性生产，保护了土壤资源，降低了农业生产成本，对国家的贡献越来越大，农民生活大大改善。

三、种植业结构调整初见成效

种植业在农业和整个国民经济中的基础地位不可忽视，可以说没有种植业的稳定和发展，就没有其余各业的稳定和发展，但应该认识到我国种植业在旧有的小农传统下形成的"以粮为主"的单一局面，因此中国农业产业结构的优化调整是种植业打响了第一枪。种植业结构主要是粮食作物、经济作物和其他作物的比例，以及粮食作物和经济作物内部各种作物的比例，其内部结构的调整主要是改变粮食作物生产长期挤压经济作物生产的状况，使各种经济作物在粮食生产稳步增长的条件下，得到更快更好的发展。

自1981年起，中国农业科学院就开始组织《中国种植业区划》以及21个单项作物区划研究，到1985年为止已经相继完成了《中国种植业区划》《我国棉花种植区划和商品生产基地研究》《中国蚕业区划研究》《我国柑桔区划研究》《中国绿肥区划》《我国苹果、梨种植区划研究》《全国葡萄区划研究》7项系列成果，为调整农业生产布局、制定发展规划、建立商品基地提供了科学依据。其中1983年初稿完成、次年出版的《中国种植业区划》这一调研报告对种植业的发展过程、主要成就以及在国民经济中的战略地位进行了论述。报告综合分析了我国种植业的特点，指出存在的主要问题，提出了调整农作物结构布局的建议，认为：第一，在近期内稳定粮食作物面积的同时，进一步调整粮食作物内部结构：以中产地区为主，选建4块10大片国家商品粮基地；第二，对过于分散、生态不适宜地区的经济作物要逐步向生态适宜区调整，同时适当集中种植，在全国选建5大块商品棉基地，7片油菜基地，1片花生和1片芝麻基地，4片甜菜和5片甘蔗基地，3片优质烤烟基地；第三，努力恢复发展豆科和绿肥作物；第四，合理利用山地、丘陵资源，发展茶桑、果和木本粮油及热带作物的生产。报告还按照自然和经济条件，将全国划分为10个一级区，31个二级区，并对各区的发展方向和种植业结构、布局进行了评述。[23]

在进行全国种植业区划的调研工作中，1983年11月上旬农业部在郑州召开了全国种植业区划工作经验交流会[24]，有26个省（市、自治区）农业部门负责种植业区划工作的同志、中国农科院8个有关所和20个省（市、自治区）农科院从事种植业区划研究的专家，还有一些县的相关代表等参加了此次盛会。交流会之后，还下发了《全国县级种植业区划工作要点》（下称《要点》），指出了种植业的目的和要求，号召各地县级单位在基本摸清农业自然资源和社会经济技术条件的基础上，提出种植业区划报告，最后组织成果应用。《要点》对于如何进行调研还提出了具体的指导意见，认为种植业区划调查研究的主要内容有：（1）对农业自然资源的调查和评价，其中包括土地资源、气候资源、水资源、生物资源的调查；（2）社会经济技术条件的调查研究和评价，应包括人力资源和劳动生产率、农业技术装备和能源、农家肥与化肥、农副产品加工设备与交通运输状况、主要农作物的成本与收益等状况的调查；（3）种植业生产的历史演变与现状，对于种植业在农业和国民经济中的地位、种植业结构和布局、耕作制度、主要作物品种布局等都要有所涉及；（4）种植业发展方向、结构和合理布局的论证，认为合理结构和布局的依据应该是国民经济发展和提高人民生活水平的需要、农业生态平衡的要求、自然条件优势的发挥、社会经济技术条件的利用、综合经济效益的提高等方面；（5）主要农作物生态适宜性分区和种植业分区研究，前者可分为最适宜区、适宜区、次适宜区、不适宜区，后者包括分区的依据、方法、步骤、命名等内容；（6）发展种植业关键措施的论证，主要包括改善农田生态环境、增加物质投入、依靠科学进步、运用行政、经济措施等方面。《要点》还对县级种植业区划工作的方法与步骤提出了指导意见，指出研究的成果应该加强验收和应用工作。

在全国种植业区划工作的呼声浪潮之下，各地根据当地的实际情况，纷纷进行种植业区划调研工作，很多地方应用区划成果，对种植业内部结构、作物区域布局、品种布局和耕作制度等多方面进行调整，经济效果好，见效快。如四川省应用区划成果，对全省棉花布局做了大幅度调整，棉田面积由1981年的360万亩，调减到1983年的203万亩，相对集中于生态较适宜的20个县，结果由于单产提高41斤，总产比调整前还有所增加，调减下来的耕地用于发展粮食作物种植和多种经营；广东省博罗县根据区划的建议，对本县水稻、甘蔗、花生等3种主要作物，在区域布局、品种布局和茬口安排等方面进行相应调整，单产、总产的增长幅度都很大[25]。1985年以后，种植业产业结构优化调整继续进行，到1990年，在播种面积构成、生产水平方面都进行了调整，产值也有了显著的提高。

首先，农作物种植面积结构发生重大变化。各地根据实际情况调减不适宜种植粮食作物的耕地，相应地扩大了棉花、油料等经济作物的种植面积，使农作物播种面积逐渐趋于合理。

其次，各种农作物产量迅速增长。这表现在单位面积产量增加。按播种面积算，全国粮食平均亩产量1978年为亩产638斤，1990年上升到786斤，12年间增加了148斤，年均增长率高于同期粮食播种面积平均每年下降的幅度。由于单产的提高，虽然12年间播种面积减少了近1亿亩，但1990年粮食总产量却获得了前所未有的大增幅，达到44624万吨的历史新纪录，这充分显现了种植业内部结构优化调整的强大功效。

再者，在优化种植业的重中之重即调整农作物的品种结构方面也取得巨大成绩，向多种作物合理配置综合发展迈进了一大步。

四、林业结构调整及初步发展

林业经济结构是国民经济的组成部分，更是农业结构的组成部分。所谓林业经济结构是指在林业经济范畴内，再生产过程中建立起来的各种经济因素构成的比例及其内在相互作用的关系。其内容应包括部门结构、组织结构和技术结构3个方面。其中部门结构又称生产结构，广义来讲应包括农、林、牧、副、渔等之间的比例构成及相互关系。就林业部门而言，主要的产品是木材林副产品和培育的林木及其森林的防护效益。其结构应包括采育之间的比例关系，产品结构、投资结构、积累与消费等比例及其相互关系。其组成要素大体分为：（1）盛产木材和培育林木的比例关系，以木材采伐面积占培育森林面积数量比例关系表示；
（2）原木生产与制材以及人造板产品之间的比例关系；（3）开
发森林资源有木材生产以及木材综合利用之间的比例关系。

林业经济结构是部门性结构，是在林业再生产过程中林业与
外部和林业自身每个结构部分互相影响、互相制约的关系及数量
比例。林业经济结构是由农业的进一步分工形成的。林业生产中
的森林培育属于植物的生长、发育和繁殖过程，其生产目的及初
级产品的分配主要是满足社会的消费需求。从宏观经济角度说，
合理的林业经济结构实质就是农业内部农、林、牧各个部分合理
的发展速度和数量比例。林业在大农业战略中居于重要地位。森
林能够发挥多种效益。它可以担任农业生产的保卫者，防止土壤
流失，保障农业生产，减少水旱、风沙等灾害对农业的破坏作
用。林业还担任着部分食物的供应者，同时还是农村能源的供应
者，又是美化城市、乡村环境的基础，更重要的是，担任着木材
的供应者[26]。但是在20世纪70年代末以前，我国森林植被稀少，
生态恶化；木材供需矛盾尖锐，供应数量不足，品种质量越来越
差；广大山区、林区长期处于经济停滞、群众生活比较贫困的状
态。其中林区经济结构和林种结构的失衡是林业产业结构中的重
要问题。为了改变我国森林覆盖率低、生产效率技术不高以及林
种结构不平衡的问题，1979年以来国家主要在扩大造林面积、提
高造林质量、林材产量以及林产品产量等方面对林业经济结构进

行调整。

　　为了提高造林面积，先是1979年出台《中华人民共和国森林法（试行）》，1980年又下发了《关于大力开展植树造林的指示》。十一届四中全会正式通过的《中共中央关于加快农业发展若干问题的决定》则对植树造林做了明确规定："大力开展植树造林，注意提高成活率。要集中力量营造西北、华北、东北一线防护林体系，华北、中原、东北等地的农田林网化和'四旁'绿化，长江以南十省的速生用材林，南方、北方的经济林基地，东北林区的迹地更新等重点建设。对一切可能绿化的荒山荒地，各地都要从实际出发，订出切实可行的规划，限期绿化。要努力采用先进技术，加强森林资源的综合利用，做到合理采伐。积极培育、引进和推广优良树种，注意发展木本油料和木本食用作物。认真执行森林法，切实保护森林，严禁乱砍滥伐，坚决纠正重采轻造、忽视管理的错误做法，严防森林火灾。"1979年，在第五届全国人民代表大会常务委员会第六次会议上，确定3月12日为中华人民共和国植树节，此外，国务院恢复了林业部。从1980年开始中国开始了全民参与的植树造林活动。1981年3月8日，中共中央、国务院做出了《关于保护森林发展林业若干问题的决定》（下称《决定》），这是改革开放以来党和国家关于林业问题的又一个极为重要的文件。《决定》从林业发展的客观规律出发，根据我国实际情况，制定了保护森林、发展林业的方针、政策和主要措施，主要内容有：（1）稳定山权林权，落实林业生产责任制；（2）木材实行集中统一管理；（3）对林业的经济扶持；（4）木材综合利用和节约代用；（5）抓紧林区的恢复和建设；（6）大力造林育林；（7）发展林业科学技术和教育；（8）加强党和政府对林业的领导。

除了大力开展植树造林活动，育林也成为我国林业内部产业结构优化的重要内容。十一届三中全会后，林业经营也实行了承包责任制，在划好自留山和责任山的基础上，抓好专业户、重点户、家庭林场以及各种联合体的巩固和发展。贯彻以营林为基础，造多于采的原则，努力提高森林覆盖率。此外，全国还开展了防护林体系建设、平原绿化等行动来保证森林的覆盖率及提高林业的生态效益。

林种结构是林业结构的核心内容。林种是指森林使用效益的结构，根据建设要求可分为用材林、经济林、防护林、薪炭林、特种用途林等，它们的比例关系合理可以使森林整体发挥最大效益。至1990年我国林种结构按面积计算，防护林为19.77%，比1978年上升超3%；用材林占60.6%，比1978年下降9%；经济林占12.37%，比1978年下降7%左右；薪炭林占6.52%，特种用途林占0.72%，林种结构有所改善。此外，在具体育种方面还注意了草、灌、乔结合，长、中、短周期林产品生产结合，加强林业资源的多层次利用。多发展投资短、见效快的工业原料和各种名特优新经济林、森林药材、香料等生产，以改变长期以来林业投资周期长、见效慢、占用资金多、经济效益低的格局。在林业产值方面，1990年林业总产值为330.27亿元，按可比价格计算，林业产值指数达到179.5，比1978年增长了79.5，林业总产值占农业总产值比重上升到4.3%，比1978年上升0.9个百分点[27]。这些都是与国家实行植树造林和优化产业结构的重大举措分不开的。

　　林业区划工作在结构调整中起了重要作用。1979年4月国家农委开会，决定搞全国大农业（农业、林业、农垦、农机、水利、水产、气象等）的区划工作。同年9月，林业部在新乡开会，讨论全国林业区划工作，会后又专门发文布置这项工作。之后先以全国各省区进行省级林业区划工作作为中国林业区划的各论；为了使全国区划线与相邻省（区）划线协调，同时统一分区说明书稿提纲，又在1980年7月、8月分三大片（温带片，中北、亚热带片，南中亚热带片）研究解决，12月召开全国审定会议，修改定稿，于1987年出版《中国林业区划》。1982年5月26日—6月8日，林业部在山西省吉县召开全国县级林业区划工作经验交流学习会议（北方片），讨论制定《县级林业区划原则要求》和《县级林业发展规划大纲》[28]。各县级政府都根据这两个指导文件进行了区划工作，在厘清自身森林资源的同时，积极制定林业结构调整之法。

五、畜牧业生产结构渐趋合理

我国历史时期畜牧业长期处于从属地位，产业大概可以分为两种类型，即农区畜牧业和牧区畜牧业。长期以来在广大农业地区，畜牧业基本作为农户的辅助性生产，由家庭养殖少量家畜，大牲畜则主要作为动力供农业生产役使。牧区畜牧业虽然作为一项主要生产活动而独立存在，但在全国农业经济产值中所占比重很小。这两种类型畜牧业的内部结构也存在着一定的问题。

首先，农区畜牧业以养猪为主，猪肉占肉类总产量的比重为94%~95%。这是由于20世纪50年代初期国家为尽快恢复和发展农业生产，执行了保护耕牛、禁杀耕牛的政策；同时，为了获得肥料，发展粮食生产，也鼓励养猪，因此形成了以猪肉为中心的发展格局。农区畜牧业主要还是围绕粮食生产的副业活动。

牧区畜牧业虽然有牛羊肉作为农区畜牧的补充，还是羊毛和皮革的主要产区，但也存在不少问题。一是草原畜牧分布面积很大，但产出率和商品化程度却不高，我国在改革开放前牛羊肉的生产大部分都是供给牧民自身或者牧区所在地当地人消费。二是由于不合理的过度放牧，草原植被因没有休养生息的机会而遭到严重破坏，20世纪70年代中期我国北部、西部草原退化面积高达7.7亿亩[29]，占当时可利用面积的23%，平均产草量下降30%~50%。

此外，我国畜牧业产业内部结构还存在着不讲求经济效果的问题。长期以来，在发展畜牧业的指导思想和考核标准上都偏重于牲畜存栏头数的增加，而忽略了畜产品产量的增加。许多地区都存在着牲畜头数增加，饲料消耗相应增加而畜产品产量却增加不多的情况，这样就严重地影响产出率和生产效率。同时由于饲养技术的整体落后，还存在畜产品品质较差等问题。总之，20世纪70年代末以前畜牧业并没有形成真正的独立产业，而形成以养猪为主的饮食供给结构，牛羊除了役力和皮毛需求在肉类生产中一直没有引起重视，导致我国牲畜数量、质量与畜种结构严重失调，造成畜产品紧张，满足不了人民生活需求，食品构成得不到改善的局面。

《中共中央关于加快农业发展若干问题的决定》中对畜牧业的发展做了明确规定："大力发展畜牧业，提高畜牧业在农业中的比重。应特别注意发展牛、羊、兔等食草牲畜。畜牧业不但要看饲养量和存栏量，更重要的是要提高出栏率和出肉率……积极改良畜种，加强草原和农区草山草坡的建设，兴修水利，改良草种，合理利用草场，实行轮流放牧。提高载畜量。做好牲畜的防疫工作。"以此为指导思想，在发展畜牧业、优化产业结构方面，做出了具体的调整。

首先，发展畜牧业，要实行农区牧区并重，且在畜禽数量稳定发展的基础上，着重提高畜禽质量，加速品种改良，提高出栏率、出肉率和产蛋率，增加商品量。我国地大物博，以畜牧业比重来算，各空间可以分为农区、牧区、半农半牧区和城市郊区，根据各自不同经济和产业条件，因地制宜进行分类指导。农区在抓好养猪、养禽业的同时，积极发展牛、羊、兔、蜂的养殖，扩大役乳、役肉兼用牛的饲养量；牧区、半农半牧区要充分利用草场优势，发展食草牧畜，生产更多的畜产品；城市郊区着重发展养禽业和奶牛养殖，提高城市肉、蛋、奶的供应水平。加强南方草山草坡的开发利用和牧区草原建设，逐步形成种畜种禽、饲料饲养、加工和技术服务等环节互相结合、互相配套的商品生产体系，以保证城市副食品的大量、均衡供应。

其次，畜种结构的改善是畜牧业结构优化的重点内容。畜种结构是指各类牲畜（如牛、马、羊等）头数在牲畜总头数中的比重，另外，还有食草动物和食粮动物的结构性划分。合理的畜种结构要求不同种类的畜禽有一个合理的比例，还要使同种畜禽不同品种之间的比例构成合理，以便于高产畜群的建成。经过一系列的优化调整，至1990年我国单一注重养猪的畜种结构得到了一定改善，尤其是大牲畜增长速度较为迅速，如与1978年相比，牛增加了3216万头，增长率为45.5%，驴增加了371.7万头，增长率为49.7%[30]。作为食粮家畜的猪的比重逐渐下降，牛羊等食草家畜以及饲料转化率高的禽兔等比重上升。

在调整畜种结构的同时，对畜产品结构也做了重要调整。首先在经营方式上，实行国家、集体、个人一起上的方针，畜牧业的生产结构发生了改变，家庭畜牧业显示出强大的生命力。主要畜产品产量大幅度增长，畜禽存栏量和畜牧业产值逐年增加。符合我国国情要求的节粮、高效的家禽和牛羊兔等草食动物得到了迅速发展。由于食草动物的发展和食粮动物的调减，1985年以来在农业粮食生产连续4年徘徊的情况下，饲料粮的减少给畜牧业生产发展造成的制约也并没有那么明显。在推进生产结构调整，加强技术改造等的努力下，畜产品不但没有随着粮食生产进入徘徊局面，而且持续增加，广大群众深切地体会到畜产结构优化带来的巨大利益。与此同时，在牧区、畜牧大省还有大城市郊区，大型的畜产基地也逐渐建立起来，初步实现了畜牧产业化。同时，饲料、饲草生产与畜牧业协调发展，经过结构优化和科学养畜，形成了饲料、饲草的数量与质量与牲畜的头数较为适应的良好局面。

六、调整渔业结构，重视海洋资源

渔业又称水产业，包括养殖渔业、捕捞渔业（沿岸渔业、近海渔业和远洋渔业）两大类，指利用各种可利用的水域或开发潜在水域，以采集、栽培、捕捞、增殖、养殖具有经济价值的鱼类或其他水生动植物产品的行业，对水产的处理和市场销售也是渔业的重要组成部分。我国的海洋资源十分丰富，发展渔业生产有着优越的自然条件。1980年的数据显示，东面有渤海、黄海、东海、南海四大海区长达18000多千米的海岸线，水深200米以内大陆架面积有43万平方海里，沿海可以养殖的滩涂有740万亩。同时，我国还拥有内陆地区江河湖库和池塘等面积达2.5亿亩的淡水资源，可养殖水面约7500万亩[31]。作为大农业的重要组成部分，渔业也是国民经济中不可缺少的一个部分。

　　20世纪70年代末80年代初，我国渔业比1949年之前有了显著的进步，但与世界先进国家相比我国的渔业还很落后，差距很大。首先，技术较为落后；其次，我国水产品产量虽然较高，但人均占有量较低，1980年时不及世界人均占有量35斤的三分之一；最后，渔民的劳动生产率也不高，远远落后于世界先进国家。这些情况在当时人民生活供应上也可以看出来，国内市场供应紧张，人们普遍反映没有鱼吃，造成这种落后状况的原因是结构性的。20世纪60年代以来，由于后期"以工为重"和"以粮为纲"思想的影响，渔业处于国民经济的底端层面，处于次要地位。在渔区出现了盲目围海垦湖造田、填塘种粮的现象，既损害了生态环境，也丧失了经济效益。还有一些地方建闸筑坝，隔断鱼类的洄游通道；工业"三废"不经过净化处理就流入水域，严重污染渔业环境等。所有这些都是我国渔业单产低、质量不高的重要原因，而渔业内部经济结构的失调更是渔业生产受损的内部原因。

1980年王泽沃、杨运俊、黄士根三位学者[32]撰文分析我国渔业结构失衡的主要表现和原因有海洋渔业与淡水渔业不平衡、国营渔业与集体渔业的不平衡、捕捞业与养殖业重"捕"轻"养"的产业结构不合理等。

十一届三中全会以来，在突破了过去"以粮为纲"的单一农产结构的思想后，党和国家做了大量的工作。

首先，各项相关的政策及规定陆续出台。1979年2月召开了全国水产工作会议，遵循党的十一届三中全会精神，针对当时水产工作中存在的问题，提出了"大力保护资源，积极发展养殖，调整近海作业，开辟外海渔场，采用先进技术，加强科学管理，提高产品质量，改善市场供应"的方针，进行内部产业结构调整。之后国务院还颁布了《水产资源繁殖保护条例》，通过调低1979年水产品生产计划，提高收购价格来保护渔业生产。1979年十一届四中全会正式通过的《中共中央关于加快农业发展若干问题的决定》规定："合理利用水产资源，加速渔业生产，增加水产品产量。要充分利用开发水面和滩涂，以极大的努力发展淡水和海水养殖业。因地制宜地养殖鱼、虾、贝、蛙、海带、紫菜等各种水生动植物，并且积极扩大精养面积。要由一定的机构或专人负责，从资源的调查和利用、资金和物资的扶持、技术指导、产品加工等各方面做出切实的安排，以保证各类养殖事业能够得到迅速的发展。切实调整近海作业，积极开辟外海渔场……采取先进技术和装备，促进渔业捕捞、养殖、加工和储运的现代化。要逐步建成一批渔业基地。"随后又采取了一系列有力措施把水产结构调整推向实践层面。

此外，渔业区划工作也为产业结构调整助力很多。1979年4月农委开始启动全国大农业区划工作，渔业区划当然包括其中。1981年5月25日全国渔业自然资源调查和区划领导小组在北京举行会议，总结和梳理了一年多来全国渔业调查和区划工作的经验和成果。会议还认为1981年的工作重点是继续抓好重点水域的调查工作，进一步推进各地区的渔业调查和区划研究。

总的来说，渔业产业结构调整主要针对海洋渔业和淡水渔业，养殖和捕捞，捕捞中的近海、外海和远洋，生产与保鲜、加工等方面进行，使其各项进入结构较为平衡和合理的阶段，也在客观上促进了渔业生产力的发展和进步。

第四节

乡镇企业异军突起，农业现代化拉开帷幕

　　乡镇企业是在社队企业基础之上建立的队伍，在计划经济环境之下开辟了中国改革开放以来市场经济的天地。到改革开放20年，在城乡互动下，乡村工业产值占到全国工业产值的半壁江山，不由得使人对"乡镇企业"这一改革开放的重要成就刮目相看。作为农村工业化的先驱和重要力量，乡镇企业在整个农村经济和农业发展中起着举足轻重的作用。

一、改革开放初期乡镇企业（社队企业）的复苏与重建（1978—1983）

　　乡镇企业指由农民举办的集体、合作、个体企业。乡镇企业一般具有固定（或相对固定）的生产经营场地（所）、设备和从事生产经营的人员；具备独立核算的条件，或虽非独立核算单位，但有单独的账目，承担经济责任和纳税义务；常年从事生产经营活动或季节性生产经营活动，全年开工时间在3个月以上；

持有当地工商行政管理机关或有关部门颁发的营业（经营）执照（农业企业除外）。

清同治十二年（1873年），近代民族工业先行者、南洋华侨陈启源在广东南海县（今佛山市南海区）简村创办了第一家中国近代民营工业企业，这是一个名为继昌隆的缫丝厂。厂子里采用锅炉热水蒸气煮茧子，使用蒸汽动力和机器传动装置，功效相当于手工缫丝的6~10倍，所缫之丝粗细均匀，弹性较大。有了继昌隆的先行，机器缫丝逐渐在南海顺德一带发展起来，短短三四年间机器缫丝厂已达数十家。规模大者有女工六七百人，小的也有二三百人，每日每工产丝三到四两，总产量甚是可观[33]。

1949—1958年，中国农村工业的胚胎——集体副业发展起来。在1955—1957年间，农村兼营手工业的农民和分散的专业手工业者在农业生产合作社内组成副业队或副业组，从事手工业和农副产品加工活动，这些副业队或副业组的生产属于农业社农业经济，且以农业社为统一核算单位，因此通常被称为"集体副业"。农业合作化运动开始之初，党中央对于集体副业十分支持，1957年农村副业总产值达到22.9亿元，占当时农业总产值的4.3%[34]。20世纪60年代，国家允许农民办工业，于是一部分社队抓住了这个机会，将工农业生产一肩挑，特别是利用各种条件办起了队办企业。1971年国务院召开全国农业机械化会议，提出发展小钢铁、小煤窑、小机械、小水泥、小化肥"五小"工业，为农业机械化创造物质基础。1975年国务院召开计划工作务虚会，提出："工业区、工业城市要带动附近农村，帮助农村发展小型工业，搞好农村生产，并把这一点纳入自己的计划。许多三线的工厂，分散在农村，也应当帮助附近的社队搞好农业生产。一个大厂就可以带动周围一片。"在党和政府的支持下，社队企业慢慢发展起来。至1978年社队企业职工人数已达2827万人，总产值493亿元，利税总额110亿元，占农村社会总产值的26.1%，在整个国民经济中占有重要的地位。

社队经济真正获得国家的认同、取得正式经济身份是在改革开放之后。1978年十一届三中全会原则上通过《中共中央关于加快农业发展若干问题的决定（草案）》（下称《决定》）及《农村人民公社工作条例（试行草案）》，提出大力发展社队企业的意见。为了谨慎起见，这两个文件先发给各省、市、自治区试行，征求意见。1979年9月十一届四中全会正式通过这两项文件，并将其下发执行。《决定》要求"社队企业要有一个大发展，逐步提高社队企业的收入占公社三级经济收入的比重"，并规定"凡是符合经济合理的原则，宜于农村加工的农副产品，要逐步由社队企业加工。城市工厂要把一部分宜于在农村加工的产品或零部件，有计划地扩散给社队企业经营，支援设备，指导技术"，"国家对社队企业，分别不同情况，实行低税或免税政策"，同时指出要有计划地发展小城镇建设。1979年7月，国务院颁布《关于发展社队企业若干问题的规定（试行草案）》，首次以法规形式肯定了社队企业在我国政治和经济中的地位。考虑到社队企业的特殊情况，中央决定社队企业中除直接间接纳入国家计划的按计划进行外，对未纳入计划的，允许企业"自行采购""自行销售"，由"买卖双方议定价格"，这就使社队企业在我国较早进入市场经济，可以说是在计划经济条件下试行市场经济的试点和特区。

社队企业重新兴起的速度很快，当时我国处于改革开放初期，工业渐渐恢复后仍按计划经济运转，企业生产失去活力，加上当时财政赤字和物价上涨等原因，不少人认为社队企业与城市大工业争原料、资源、市场和资金，是导致宏观经济不佳的重要原因，称之为"以小挤大"，要求关停社队企业。党和政府排除万难，进行调研，顶住了压力，对社队企业给予了更大的支持。1981年初国家机械委组织国务院五部委联合赴江苏调查社队机械工业，得到的结论是，"总的说来，社队机械工业的产品，对国营大厂有挤有补，目前补的多一些，挤的少一些"，要"疏其不通，导其滥流，使其健康发展"。从1981年底开始，国家经委和农委对社队企业进行了第一次全国性的大调查，最终报告认为，十一届三中全会以来，社队企业在调整中发展，1978至1981年其总产值每年递增13.8%，1981年其工业产值占全国工业总产值的10.8%；到1981年底社队企业有从业人员近3000万人，其中安排城镇待业青年近500万人；1979年到1981年三年间，社队企业支援农业基本建设的资金相当于同期国家对农业（包括农林牧水）投资的59.3%。另外，社队企业还大大提高了社员收入，支援了集体福利事业[35]。

从结构上看，当时的社队企业几乎涵盖了除种植业以外的几乎一切产业，如副业、养殖业、建筑业、运输业、采掘业、餐饮业、工业等；主要从事农用机械的修理、配件生产以及农产品的简单加工，是对国有企业日用品生产的补充。它们的发展有较强的间歇性和随机性，企业规模一般也并不大，通常设备简陋，手工操作较多，技术水平不高，从性质上来说，它是农村经济体系的内部协调和补充，也是农业的重要支持产业。在1978—1983年短短5年间，社队企业总产值从493亿元迅速增加至1016.83亿元，职工人数从2826.56万人增加到3234.64万人[36]。

二、乡镇企业的高速发展（1984—1988）

1984年年初中央1号文件提出，在兴办社队企业的同时，鼓励农民个人兴办或联合兴办各类企业。不久后农牧渔业部向中央呈送了《关于开创社队企业新局面的报告》，3月中共中央、国务院批转了这一报告。

1983年10月12日，中共中央发出《关于实行政社分开建立乡政府的通知》，恢复建立乡镇人民政府。自此以后，社队企业的性质也逐渐变成乡镇企业。1984年，社队企业正式改称"乡镇企业"。虽然说社队企业是乡镇企业的前身，但二者性质还是有所不同的。社队企业属于农业合作化时期的集体副业，是农村人民公社和生产大队建设的集体所有制企业。实行家庭联产承包责任制后，农民恢复了支配自身劳动的自由和创办企业的权利，产生出一批农民合伙或家庭经营的企业，并得到政策的承认和支持，因此在1978至1983年间的"社队企业"应该已经包括部分农民自营企业。也正是由于这一时期农村企业性质并非完全集体所有制，因此国家才下决心在恢复乡镇名称之前的1983年4月，先将社队企业改称为"乡镇企业"，表明此时的乡镇企业是代表着广大在乡镇间开办的企业，而以此区别于在城市举办的国有大型工厂企业。从构成来看，当时的乡镇企业包括乡镇办、村（村民小组）办、联户（合伙）办和户（个体私营）办4种企业形式，此处之"乡镇"表明其具有的农村工业以及农业工业性质。

1984年出现了银行信贷增加较多、消费基金增长过猛等问题。有人认为这是乡镇企业造成的，有的部门甚至提出"砍一刀"，暂停对乡镇企业的一切贷款。还有人当时认为"乡镇企业发展过快，基建摊子铺得过大，超过了客观和自身能力"，"乡镇企业任意发展，贷款过多，难以控制"，或者认为乡镇企业贷款过多"造成农产品收购无资金，打白条"……党和政府经过多次调研都认为这些说法是没有根据的，从而稳定了对乡镇企业的支持[37]。

随着国家对于乡镇企业坚决支持的态度逐渐明朗化，在改名后的三四年间，乡镇企业（原名"社队企业"）继续前进并高速发展，创造了很多经济上的奇迹，也为农村农业的发展提供了强大的经济和产业基础。与此同时，乡镇企业在自身创造国民生产总值、拉动国内消费市场的基础下，又率先走出国门，成为我国开放的先行者和排头兵。这一契机的出现是因为1987年前后，当时国营企业在我国的计划经济下机制不那么灵活，还适应不了国际市场，国家对于乡镇企业的灵活机制、经济弹跳能力、外联能力极为青睐，于是决定先把乡镇企业推向国际市场接受锻炼和摸索经验。在这一思想的指导下，农业部和国家经委组织了第一次乡镇企业出口商品展览会。随后，1987年12月，中央还召开了全国乡镇企业出口创汇工作会议，国务院负责同志说："现在发展外向型经济，要发挥乡镇企业特别是沿海乡镇企业的作用，确实是个重大战略问题。乡镇企业在国民经济中，希望更大，任务更重，难度更大了。因为你们的竞争对手变了，有内向的，也有外向的。过去主要是国内市场，今后要到外面去，到国际市场去，难度增加了。"这次会议确定建立"贸工农"联合出口商品基地，会后由多个部委联合下发了《关于推动乡镇企业出口创汇若干政策的规定》。为了建立乡镇企业出口基地，农业银行每年发放2亿元专项贷款，利息由财政支付。从此，乡镇企业的出口创汇被推向了一个新阶段。乡镇企业外向型经济的发展从"三来一补"起步，逐步走向了依托外贸公司联合办企业和到国外办企业这样一条路子，可以说是乡镇外向型经济的先行者。1988年，乡镇企业从业人员达到9495万人，总产值7018亿元，实现利税892亿元，分别比1978年增长235.9%、1323.5%和710.9%，这是更加巨大的收获和进步。[38]

三、整顿时期（1989—1991）

鉴于前一阶段国民经济出现过热和结构失衡，1988年9月召开的十三届三中全会提出了治理经济环境、整顿经济秩序，全面深化改革的方针。为使作为我国农业经济重要支柱的乡镇企业发展符合国家宏观经济的总体要求，有关部门制定了三年治理整顿计划，对乡镇企业进行调整。[39]

第一，控制发展速度。前10年乡镇企业发展速度较快，特别是1984至1988年间平均发展速度达38%。当时的国情是能源、交通等经济部门有着一定的困难，再追求高速度不太现实，国家认为乡镇企业的发展速度必须和国营工业、农业发展相协调，因此计划此后将乡镇企业产值增长的速度控制在20%左右，其中乡镇工业控制在15%左右。第二，压缩基本建设规模，计划全国乡镇企业产值每年控制在200亿元左右，比之前几年减少一半。同时希望已有乡镇企业根据国务院颁布的产业政策主动进行调整。对于浪费电力、原材料的企业，对于技术不过关、产品质量达不到标准、污染严重、无法治理的企业，对于原材料无保证、经营不善又长期亏损的企业，坚决调整，关停并转，使乡镇企业的产业结构、行业结构、产品结构逐步趋向合理。第三，进一步完善乡镇企业经营承包责任制，发挥乡镇企业灵活的经营机制的优势，搞好企业技术进步和基础管理，使乡村百万元以上骨干企业的物质消耗、产品质量、经济效益等指标达到同行业国营企业的水平。第四，调整企业结构。引导企业一方面走小而专、高水平的小商品和大批量、大市场的专业化、社会化协作生产道路，尽量避免小而全的低水平的重复生产；另一方面依托大企业、名优产品和拳头产品，走集团化、群体化生产道路。第五，逐步引导个体企业和联办企业实行股份合作制，使已经积累起来的资金继续用来发展生产，而不是用于个人消费。

暂时的整顿并没有使乡镇企业一蹶不振，因为这一经济实体已经完全发展起来，同时还带有农业工业本身对市场反应灵敏、迅速应对产品和生产规模调整等变化，乡镇工业以其灵活的经营机制和顽强的生命力在严峻的宏观环境下仍得到一定的发展。乡镇工业产值的增长速度仍大大高于全国工业增长速度，乡镇企业外向型经济得到了较快的发展。1989年乡镇企业总产值占到全国工业总产值的30%，达工农业总产值的25%，达农业总产值的58%。1991年乡镇工业产值已占全国工业总产值的32.7%，比1988年还提高了8.3个百分点，可见此次整顿并没有对乡镇企业的产值造成影响，而是对其结构进行了优化调整，效益良好。

注释

[1]　小岗：20世纪40年代小岗有24户人家，与大严、小严合称为"大严村"，1955年成立互助组时因地处岗地起名"小岗互助组"，1978年末小岗为梨园公社严岗大队的一个生产队。1983年小岗队与大严队合并成立小岗村。1986年撤销公社后，梨园公社改名"梨园乡"。（采自龚庞、丁家干主编：《凤阳县志·大事记》，方志出版社1999年版）

[2]　吴国武、尹耀刚、计国亚、吴泽萍：《"中国改革第一村"——凤阳县小岗村改革发展纪实》，《安徽决策咨询》（现《决策》）1994年第10期。

[3]　1公斤等于1000克。

[4]　1斤等于500克。

[5]　申文杰：《我国农民利益保障制度及其现实政治分析》，河北人民出版社2012年版，第44页。

[6]　中共中央文献研究室编：《三中全会以来重要文献选编·上》，中央文献出版社2011年版，第163页。

[7]　彭新万：《粮改30年：新制度经济学视域中的制度演进与农民收入变动》，《江西财经大学学报》2009年第1期。

[8]　彭新万：《贫困与发展的主导因素——中国农村改革30年制度变迁的经验研究》，经济管理出版社2010年版，第53页。

[9] 姚力文、刘允洲：《全国农村工作会议侧记》，《人民日报》1985年1月16日。

[10] 商业部政策研究室编：《商业改革文件选编（中编）》，中国商业出版社1989年版，第42页。

[11] 王清：《地方财政视角下的制度变迁路径分析——以当代中国城市户籍制度改革为例》，《武汉大学学报（哲学社会科学版）》2011年03期。

[12] 农民日报社编：《农村政策讲话（1985）》，中国林业出版社1985年版，第43页。

[13] 《中共中央、国务院关于进一步活跃农村经济的十项政策》，《人民日报》1985年3月25日第1版。

[14] 张学兵：《粮食统购统销制度解体过程中的历史考察》，《中共党史研究》2007年第3期。

[15] 《全面振兴农村经济的积极方针》，《农民日报》1985年1月28日。

[16] 杜润生：《杜润生自述：中国农村体制变革重大决策纪实》，人民出版社2005年版，第150页。

[17] 刘洪辞、查婷俊：《粮食流通体制改革的制度经济学分析》，《粮食经济研究》2015年第1期。

[18] 李先念：《李先念文选》，人民出版社1989年版，第187页。

[19] 王瑞芳：《统购统销政策的取消与中国农村改革的深化》，《安徽史学》2009年第4期。

[20] 沈冲、向熙扬主编：《十年来：理论·政策·实践——资料选编（第二册）》，求实出版社1988年版，第58页。

[21] 邓力群主编：《当代中国的农业》，当代中国出版社1992年版，第232—234页。

[22] 孙言雅：《论1978—1990年我国农业产业结构的变革》，郑州大学硕士学位论文，2003年。

[23] 《全国种植业区划系列成果》，《农业区划》1985年第6期。

[24] 《印发"边疆同志在全国种植业区划工作经验交流会上的总结讲话"的通知》，《农业区划》1983年第6期。

[25] 边疆：《全国农业区划委员会委员、农牧渔业部顾问边疆同志在全国种植业区划工作经验交流会上的总结讲话》，《中国农业资源与区划》1983年第6期。

[26] 石山：《林业在大农业中的地位、作用及大林业的战略思想》，《林业经济》1983年第4期。

[27] 孙言雅：《论1978—1990年我国农业产业结构的变革》，郑州大学硕士学位论文，2003年。

[28] 易淮清主编：《中国林业调查规划设计发展史》，湖南出版社1991年版，第874页。

[29] 刘国光：《刘国光经济论著全集·第7卷》，知识产权出版社2017年版，第354页。

[30] 孙言雅：《论1978—1990年我国农业产业结构的变革》，郑州大学硕士学位论文，2003年。

[31] 王泽沃、杨运俊、黄士根：《我国渔业经济结构概况》，《农业经济丛刊》1980年第1期。

[32] 王泽沃、杨运俊、黄士根：《我国渔业经济结构概况》，《农业经济丛刊》1980年第1期。

[33] 郑师渠主编：《中国近代史》（第2版），北京师范大学出版社2007年版，第108—109页。

[34] 敖丽红：《县域经济发展与"农三化"互动研究——基于辽宁县域经济发展的实证分析》，东北师范大学出版社2009年版，第62页。

[35] 田毅：《乡镇企业"异军突起"的前前后后——专访农业部乡镇企业局原副局长张毅》，《中国乡镇企业》2008年12期。

[36] 焦光辉：《探索：经济体制的演变与博弈》，陕西人民出版社2014年版，第358页。

[37] 田毅：《乡镇企业"异军突起"的前前后后——专访农业部乡镇企业局原

副局长张毅》，《中国乡镇企业》2008年第12期。

[38] 何东君主编：《中华人民共和国改革开放30年年鉴（1978—2008）》，新华出版社2008年12月版，第547页。

[39] 华农：《有关部门制定我国乡镇企业三年治理整顿规划》，《中国科技信息》1990年第5期。

栉风沐雨，与时并进

〔第二章〕

深化经济体制改革背景下的农业发展

（1992—2001）

2000年2月10日，正值中国传统农历新年的大年初六，在涉农工作中遭遇困扰的湖北省监利县棋盘乡党委书记李昌平，本想给县委县政府写一份报告，但一沓纸，他写了搓，搓了写，折腾了一晚上也没有写出什么。湖北正月极冷，他坐在床上，围着被子，天快亮的时候，李昌平在纸上写下了"总理"两个字，然后"突然间明白了自己究竟要写什么"。

他飞速写下第一段："我叫李昌平，今年37岁，经济学硕士，在乡镇工作已有17年，现任湖北省监利县棋盘乡党委书记。我怀着对党的无限忠诚，对农民的深切同情，含着泪水给您写信。我要对您说的是：现在农民真苦、农村真穷、农业真危险！"

这封4000多字的信，李昌平写得很顺畅，"一会儿就写完了"。信中他写了"盲流如洪水、负担如泰山、债台如珠峰、干部如蝗虫、责任制如枷锁"等七个方面的问题，每一项还都列出他所了解的数据。

这封信李昌平一直拿在手上，直到3月8日才正式寄出。中间的大半个月里，他反复思量可能出现的后果，又自我审视一番，确定自己身家清白后，才最终下决定。"讲真话不容易，是一个非常痛苦的过程，不坐牢是我的底线。"

李昌平的这封信得到了时任国务院总理朱镕基的亲自批示，并引发了中央对"三农"的关注和重视，以及其后一系列大刀阔斧的改革。[1]

1992—2001年的10年时间是我国改革开放以来农业发展的

第二个阶段。这一时期党和国家坚持了以家庭联产承包责任制为主、统分结合的双层经营体制，乡镇企业继续向前发展，农业也开始进入自发的产业化阶段，更重要的是，这一时期中国的粮食产量经历之前的波动期以后进入平稳发展和调整的阶段，也就是说基本解决了十余亿人口的吃饭问题。但是这一时期农业发展的问题也显现和暴露出来，粮食虽然增产了，农业结构也在持续调整，但是农民收入却出现了"增产不增收"的局面。这表明中国农业成长的阶段和方式已经在悄然发生着变化，如何增产已经不是农业发展的主要问题，取而代之的是农民如何增收的问题，同时中国农业的问题也在逐渐转变为"三农"问题。

第一节

完善家庭联产承包责任制，土地流转促进经营转变

党的十一届三中全会以来，中国农村普遍实行了家庭联产承包责任制，促进了广大农民生产积极性的提高和农村商品经济的

发展，党和政府也一直在维护和巩固这项土地和生产制度，但在新的时代背景下又产生了不容忽视的新问题。土地分户承包的家庭经营固然在农户家庭内部的资源配置和接受外部价格信号刺激方面比集体的生产队更有效率。但农业经济的增长和发展，确实从1985年开始发生了新的变化，这固然有乡镇企业异军突起和粮棉生产增长缓慢等客观因素，但根本原因还在于按人口平均分配土地所形成的农户小规模分散经营与生产力的发展日渐不相适应了。

一、现有农业经营模式的困惑

在一些副业比较发达的村，村民主要精力都用在从事工商业生产经营，粮食生产受到影响。乡镇企业在20世纪80年代中期的异军突起是这一现象的主要原因。据统计，1984年乡镇企业从业人数已达7000万人，占到当时农村劳动力总数的20%以上。在沿海及一些经济较发达地区，这个数字已达50%～60%。1986年乡镇企业产值第一次超过农业总产值，成为我国农村的支柱产业。1990年我国乡镇企业在职职工人数达到9000多万人，约占农村劳动力总数的22%。随着乡镇企业的崛起，在经济较发达地区农村劳动力开始大规模向非农产业转移，这样一来直接从事农业生产的劳动力的数量和素质明显下降。由于比较利益的降低，对农业的资源投入也大幅度下降，有些地方出现了农业副业化，一些村庄的部分农民转向非农产业，出现了部分土地撂荒的情况。由于小规模家庭经营下的种田收入远远低于非农产业，已经无法保证农业与非农业相均衡。换言之，只有扩大土地经营规模，才有可能获得与非农产业相当的收入。同时，1990年前后农业生产资料价格上涨，而农产品特别是粮食价格却相对稳定，种粮农民的收益不断降低，从而影响了农民种粮的积极性。

首先，小规模经营缺乏自我积累和自我发展的能力。由于经营规模狭小，经营耕地的收入扣除来年的生产费用和家庭生活费用之后余量很小，一般都达不到扩大再生产的资本量，投资能力不足且资本分散。

其次，由于土地分割细碎，增加了边埂占地，造成土地资源浪费，降低了土地利用率。同时地块过小使得地块分布零散，耕作不便，限制了劳动效率的提高。根据中央农村政策研究室农村调查办公室1988年对全国293个固定观察点10938个农户的问卷调查，有62.7%的农户认为"地块划分过于零散，给耕行带来不便"，平均每户承包耕地面积9.2亩，散落成了9块。[2]

最后，小规模经营不利于改善种粮农户的收入和提升劳动生产率。规模细小、地块经营也在某种程度上造成了农业生产成本高。在全国农村固定观察点293个村农户经营情况表明，耕地规模小的农户土地产出率比较高，但是亩均投入人工量大，劳动力人均收入低，劳动生产率低。据调查统计，1986年平均耕地面

积只有0.61公顷，每户地块数量为8.99块，平均每块地约为0.07
公顷；1990年农村住户调查统计表明，每个农户承包的耕地只有
0.59公顷，每个家庭劳动力（含整、半劳动力）平均经营0.2公
顷。另外，在种植业内部，对其他农产品价格的放开使土地上粮
食生产的机会成本提高，种植粮食和种植经济作物收入悬殊，也
动摇和打击了粮食生产者在经营土地上的积极性。小规模经营基
础上的粮食生产更影响农民收入的改善。

二、土地流转与适度规模经营探索

以上这些问题如不迅速解决，当然会影响农业的基础地位，
有碍于农村经济的发展。怎样解决这些问题？当时摆在广大农民
面前的有三条路。

第一，商品经济发达的村庄继续搞土地分散经营，同时增加
工副业对农业的补贴。实践证明，这样做仍然不能调动农民种粮
的积极性，因为补贴的钱物毕竟有限，农民仍旧觉得不如把工投
到非农产业的收入高，农户间有"补一季，贴一年，不如外出捞
几天"的说法。

第二，简单地把所有土地收起来进行集体耕种。这样做效
果也不好，当时农村商品经济还很不发达，远未达到农民的私人
劳动能直接转化为社会劳动的程度。在这种情况下，这又陷入了
"吃大锅饭"的境地。

　　第三，顺应农村经济的发展，实行土地适度规模经营。适度规模经营，本来的内容是指在既定条件下为达到最佳经济效益各生产要素的最优组合和有效运行。至于规模适度与否，应该以投入的生产要素能否为要达到的经济指标充分发挥作用为标准。

　　其实，土地规模经营于20世纪80年代在部分地区已经开始实行，党和政府对于我国现有资源和经济状态下适度发展规模经营一直是支持的。早在家庭联产承包责任制实行初期，1983年中央1号文件《当前农村经济政策的若干问题》中就提出："实现农业发展目标，必须注意严格控制人口增长，合理利用自然资源，保持良好的生态环境。要在这样的前提下，改革农业经济结构，利用有限的耕地，实行集约经营，并把大量的剩余劳动力，转到多种经营的广阔天地中去……"1984年《中共中央关于一九八四年农村工作的通知》中又指出，"继续稳定和完善联产承包责任制，帮助农民在家庭经营的基础上扩大生产规模，提高经济效益"，这也是在提醒各地地方政府在完善承包制的基础上，关注生产规模的问题，文中还具体指出，"延长土地承包制，鼓励农民增加投资，培养地力，实行集约经营……鼓励土地逐步向种田能手集中"。以上的国家政策文件都说明在20世纪80年代主要实行联产承包责任制、搞活农村商品经济的目标前提下，国家对于农业的规模经营或集约经营是有所考虑的，只不过由于20世纪80年代前期改革的目光集中在家庭联产承包责任制的顺利实行，后期又着力于调整农业统购统销制度等，使得"规模经营"这一具体的经营方式并未在国家政策文件里得到专门专题强调。

历史唯物主义告诉我们，为了适应生产力的发展，在一些条件适宜的地区，土地资源必定以一定的规模（或比例）与其他生产要素（如劳动力、资本）相结合，从而达到资源在宏观和微观上的有效配置经营，这是由生产力和生产关系之间的密切关系决定的，也是由我国生产力发展不平衡的现实经济情况所决定的。

20世纪80年代中期以来，在乡镇企业异军突起、农村劳动力大规模向非农产业转移的现实环境下，沿海经济发达的长江三角洲地区农业在小块兼业经营格局中呈现出衰退甚至停滞的态势，当地经济的发展提出了改革土地按照人口平均承包形式的客观要求，土地适度规模经营政策应运而生。[3]而这一地域中的苏南地区是全国农业适度规模经营探索起步较早的地域之一。早在1984年，苏州和无锡两市的部分乡村就有农户间自发的土地转包活动。此外，还有一些作为乡村集体完善土地承包责任制的后续措施而起步的规模经营，这些经营方式得以形成基于对以下一些情况的调整和应对：农户普遍对零星承包的边远地区的土地和湖滩坡地不愿经营或经营不善，造成的土地抛荒或半抛荒现象；在责任制实行初期农科站和种子场的土地未分到户，而这些土地需要有人承包；还有就是农村劳动力的自然和社会变迁，使得部分农户的耕地无人耕作。为了稳定上述土地的粮食生产，在村组的协调下，一些劳动力较为富裕的农户接包了这些土地，这样就使得土地经营规模扩大化。统计数据表明1986年之前90%的规模经营单位都是在以上几种情况下形成的，说明20世纪80年代中期以前苏南地区的土地规模经营是家庭联产承包责任制度的自然延伸和有效补充。

1987年，中央批准无锡、吴县（现已撤销）和常熟三县（市）建立"江苏省社会主义农业现代化试验区"，使得适度规模经营的探索在这块土地上得以扩展。此时，土地适度规模经营开始作为协调工农关系、探索农业稳定增长和独立发展的途径而逐渐涌现，适度规模经营的原因大致有以下几点：一是由于农村劳动力大量向农业之外转移之后，劳动力的劳动时间在工农业生产的分配上产生矛盾；二是当地非农产业的发展使得农业生产率降低的现象趋于明显，农民普遍开始对小块土地经营缺乏热情，与此同时，作为调节措施的乡镇工业利润补贴农业的政策，又使农业产生了依附于工业的倾向，在某种程度上给乡镇企业背上了沉重的经济包袱；三是一些乡村在经济发展的进程中自觉地开始了对于农业现代化的探索，认为未来农业的发展必须建立在专业化的基础之上，而苏南所在的长三角地区自古以来就是农业土地资源禀赋较好、科技水平和劳动力投入等各项资源配置较为优良之地，因此改革土地小规模经营的兼业经营格局开始成为当地土地集中经营的出发点。经过几年的探索和琢磨，苏南地区采用了多种经营模式进行规模经营的改革，具体组织形式有种粮大户或家庭农场、村办农场或种粮专业队、联户农场或粮农联合体、个人承包雇工经营农场、厂办农场或农业车间等形式。其中村办农场为14%，服务队办农场为8%，厂办农场为5.4%，联户农场为2%，个人承包雇工经营农场则占到规模经营单位综述的1.5%[4]。

家庭农场模式是以农户为单元自负盈亏、依靠家庭自由劳动力和集体机械服务从事土地规模经营的农业生产形式，它的生产、投入、购销和分配等过程类同一般农户。作业上其一般可获村组优先和优惠的农机服务。农忙期间劳动力不足时，家庭农场会偶尔雇一些临时工。这种经营模式的长处是保持了家庭联产承包责任制经营的基本特征，利益结合紧密，经营者生产积极性高，既利于现今农艺的应用，又能适当保持传统农业的优势，经济效益相对较好。不足之处是经营范围较小，经营状况和生存期限随主要劳动力的个人情况变化而波动。这种家庭农场模式占到规模经营单位总数的70%，而且被一些研究者认为在规模经营中是较为优越、效率更高的的模式[5]。

个人承包雇工经营农场是以个人承包为基础、依靠雇工并通过自备或租赁农机完成生产活动的规模经营形式。这种农场除了保证粮食交售任务，较多地从事多种经营，个别的还兼业一些非农经营。这种以个人为主体的经营模式占到规模经营单位总数的1.5%。长处是商品生产者的独立地位比较明显，自主权较为充分；内部管理精细，强调经济核算；经营者有较强的投资意识，具有相当的自我积累能力。不足之处是过多追求更高的利润，易使粮食生产的主业地位动摇。

联户农场是两户以上农民在自愿互利基础上共同投入资金、劳动力和机械组成的从事较大规模农业经营的利益共同体，具有与承包农户一致的权利和义务，经营活动受承包合同约束。其主要依靠自由劳动力和农机力量或借助集体的服务完成农时作业；农产品除交售定购外，剩余部分由参加各方协商处理。由于投入的均等性，经济收入基本上平均分配到各方。农场内部有约定俗成的牵头人，农场劳动力以集中出工的形式共同从事各项农业生产活动。因各户辅助劳动力数量和质量的不均等性，各农户的非当事劳动力一般不参与农场生产，农忙季节劳动力不足的问题则通过少量雇工来解决。

至1990年，苏南农村通过土地转包形成的劳均经营规模在15亩以上的规模经营单位总计为4522个，经营耕地13.3万亩。其中，苏州、无锡、常州三市规模经营单位数为3465个，占苏南规模经营单位数的81.4%，这些规模经营单位共计经营耕地12万亩。其中经营耕地规模最大的为710亩，劳均经营的最大规模为64.5亩。苏州市农业规模经营单位平均规模为50.6亩，劳均经营规模为17.3亩。而以土地的经济类型来看，责任田的规模经营是苏南农业适度规模经营的主体内容，占当时当地土地规模经营总面积的96%。以土地的自然类型划分，规模经营的土地以中低产田和边远的湖滩坡地为主，其占到当时土地规模经营总面积的60%。多年来土地无偿转包是土地集中过程的主要形式[6]。

1990年3月，邓小平同志指出："中国社会主义农业的改革和发展，从长远的观点看，要有两个飞跃。第一个飞跃，是废除人民公社，实行家庭联产承包为主的责任制。这是一个很大的前进，要长期坚持不变。第二个飞跃，是适应科学种田和生产社会化的需要，发展适度规模经营，发展集体经济。这是又一个很大的前进，当然这是很长的过程。"[7]这一著名论断给中国广大农村实行农业适度规模经营以理论和政策支持。在此前后全国也开始了关于是否要实行土地规模经营、如何规模经营等的大讨论，学术界和各地政府纷纷结合自己当地的具体情况来论述和补充规模经营理论和实践的相关情况。至20世纪90年代初期对于我国农村推行土地规模经营的问题，人们似乎已经达成基本共识，即有条件的地区可以进行，没有条件的可以不进行。原农牧渔业部"种植业适度规模经营研究"课题组的研究成果表明，农业规模经营只有在耕地（或土地）、资源条件（人均、劳均）、社会经济条件、政治历史条件等多种制约因素和条件聚集到一定程度的时候，才有可能发生。由于江苏南部、浙江北部和北京等地机械化规模经营的试验成为提高生产率的成功典范，于是20世纪90年代部分地区根据自己的实际情况发展规模经营，取得了一定的成绩。

具体来说，各地依据当时经济发展水平的差异，分区域、分情况进行了一些有关规模经营的尝试，大致可以分为以下四种模式。

第一种是在乡镇企业高度发达的区域实行的农业规模化经营模式。该类地区主要集中于长江三角洲、珠江三角洲和大中城市的城乡接合部。这些地区的经济生活已经不依赖农业，许多地方实现了集体公司化和大农场生产，如北京顺义、苏南、广东南海等地。

第二种是在乡镇企业比较发达、以兼业农户为主的区域实行的农业规模化经营模式。在此类地区农业已不是主要的生存保障手段，只是一种责任性副业，因此这些地区大多采取"两田制"的模式，也就是说把农地分为口粮田和责任田两部分。口粮田平均分配，责任田招标拍卖，且责任田可以自由转让、集中，实现农业规模化经营，该种办法在土地已经有相当程度集中规模的山东平度市、威海市等地已经实施[8]。1992年全国32.3%的村社实行"两田制"，主要集中于东部与中部地区。从1997年起国家明确表示"不提倡实行'两田制'，没有实行'两田制'的地方不要再搞，已经实行的必须按中央的土地承包政策认真进行整顿"。

　　第三种是在乡镇企业不发达、人均土地资源匮乏的区域实行的农业规模化经营模式。首先要考虑到农业人口压力，在大力发展本地非农产业的基础上鼓励帮助实现农业剩余劳动力的异地转移。之后在不触及承包分配农地制的基础上允许农地使用权自由转让，逐步培植农业经营大户，使该类地区农户向农业种植大户和打工发家户集中，实现农业规模化经营。如安徽省阜阳市就是这一方法实施的典型区域[9]。土地流转还推进了农业产业化的进程，并打破行政区域界限，形成了以经济为纽带的新型农村社区结构。

　　第四种是在乡镇企业不发达、人均土地资源丰富的区域实行的农业为规模化经营模式。这一类主要是指我国中西部丘陵地区、山区和草原地区，它们拥有大量的荒山、荒沟、荒坡及草场等土地资源，但是人口较少，根据当地经济情况，短期内并不具备像经济发达地区发展农业规模经营的充分条件。劳动力也不可能向非农产业大量转移，农业生产很难从外部获得足够的发展动力，因而在经济上确实处于暂时的劣势。但是从另一个角度来看，这些经济欠发达地区自身蕴藏着较大的发展潜力，这就是土地资源优势。一般来说该类地区的人均、劳均土地面积远超其他地区，同时除了有待发掘的耕地潜力，还有大量的荒地资源可供开发。这就需要一些政策对这些土地资源进行有效的整合，再用一定的现代化农业科技手段对大片土地进行机械化运营，这在河

北南皮、河南渑池、江西南昌、山西吕梁等经济不发达地区都有
成功的案例。土地规模经营的效益当然与经营的规模有着直接关
系，但并不意味着规模越大效益就越高，这就是说要"适度"。
根据当地、当时的社会经济发展条件、科技投入以及农民的接受
能力来确定其规模，才能获取最佳的效益。

需要指出的是，这一阶段的规模经营虽然已经有了一些较为
成功的案例，但其实质大都带有行政色彩，对于机械的使用并不
是因为劳动力短缺或劳动力成本上升，而是指望机械投入能比人
工劳动带来更多的产量。我国真正开始具备推进农业规模经营的
条件，则是2000年以后的事情，因为此时期开始中国农村发生了
阶段性转变，粮食从短缺转向过剩，大量农村劳动力涌向城市，
以至农业劳动力普遍出现素质低下甚至短缺的情况，农业劳动力
不再是廉价的、可以无限供给的资源了。在这种情况成为普遍常
态的情况下，将进城农民留下的土地进行调整，扩大部分有能力
的农户的经营规模才被真正提到议程上来。但无论如何，20世纪
最后10年我国一些经济发达地区进行的土地适度规模经营模式，
给后来全国范围的规模经营提供了经验。

乡镇企业继续发展前行，剩余劳动力转移初现

在20世纪90年代全国部分地区实行土地适度规模经营的同时，乡镇企业继续发展，1992—1994年出现了继1984—1988年后乡镇企业的第二个发展高峰期。随着国家宏观经济调控的实施，1995年、1996年乡镇企业转向平稳发展，信贷和销售市场等外部条件日趋严峻，环境迫使乡镇企业调整结构、加强内部管理，以提高竞争实力，有些集体所有乡镇企业开始进行改制，探索新的公有制实现形式。总的来说，20世纪90年代的乡镇企业发展呈现出发展、调整和完善的历史进程，值得注意的是，在这一阶段，很多乡镇企业的发展方向客观上与农业产业化一致。

一、20世纪90年代乡镇企业发展历程

从改革开放到20世纪90年代中期，政府对乡镇企业的鼓励均十分明显。1991年11月十三届八中全会做出的《关于进一步加

强农业和农村工作的决定》，对我国乡镇企业发展的成就和重要意义做了充分的肯定，指出"积极发展乡镇企业是繁荣农业经济、增加农民收入、促进农业现代化和国民经济发展的必由之路。要继续贯彻'积极扶持、合理规划、正确引导、加强管理'的方针，坚持不懈地办好乡镇企业"，并明确提出了20世纪90年代发展乡镇企业的目标任务、基本方针、发展方向及政策措施。国务院于1992年底召开了全国加快中西部地区乡镇企业发展经验交流会，又于1993年初专门发出《关于加快发展中西部地区乡镇企业的决定》。在上述政策的支持和引导下，20世纪90年代前5年乡镇企业取得了很大的成就，充满生机活力，总量迅速增加，效益同步增长，素质不断提高，成为当时社会上有活力的经济群体。

第一，这一时期的乡镇企业注重经济效益和社会贡献，经济总量迅速增加。经过20世纪80年代最后两三年的调整和整顿，乡镇企业在20世纪90年代早期表现出良好的经济势头。就乡镇企业数量而言，从1987年的152万个发展到1990年的1873万个，增长了11倍多。就20世纪90年代来说，早期直到1994年基本上乡镇企业进入的数量高于退出数量，是乡镇企业进入各类产业的时代。到1994年，全国乡镇企业数量达到2495万个[10]，为乡镇企业数量的高峰。就经济总量而言，1990—1995年乡镇企业增加值由2500亿元增加到10230亿元[11]，首次突破万亿大关，增长了3倍，年平均增长为32%，其中乡镇工业增加值由2010亿元增加到8260亿元；营业收入由8614亿元增加到50400亿元；乡镇企业增加值占全国国内生产总值的比重由13.5%上升到20%。全国国内生产总值净增量四分之一来自乡镇企业。1994年全国乡镇企业的主要产品产量为原煤3亿吨，发电量208.4亿千瓦小时，粮食加工2.93亿吨，酒类991万吨，布匹58.4亿米，服装83.5亿件，皮鞋11.2亿双，机制纸和纸板546万吨，农用化肥513万吨，水泥8670万吨[12]。

就效益和贡献增长而言，1990—1995年，乡镇企业利税总额由1012亿元增加到4025亿元；出口商品交货值由486亿元增加到4400亿元，出口商品交货值占全国比重由9.4%上升到32%。这些发展有赖于当时的国际国内形势，其直接主因则是在1987年以来中央对于乡镇企业参加外贸经营的政策支撑。1989—1991年全国的乡镇企业虽然处于调整和整顿期，但其对外出口贸易的目标并未改变。1993年全国乡镇企业有产品出口的约10万家，其中"三资"企业约1.5万家[13]，而且沿海各省的乡镇企业出口交货值增长速度已超过了产值增长的速度。1994年全国乡镇企业达11万家，其中有250家企业取得进出口经营权，到境外办企业累计达886个。1994年全国乡镇企业出口产品交货额3398亿元，比上年增加44.6%，其中直接出口额2284亿元。1994年全国乡镇企业出口产品交货值最多的省份是江苏省，出口1057亿元。

第二，由于前一阶段的整顿与调整，狠抓科技进步和科学管理，20世纪90年代初期乡镇企业的整体素质和经济运行质量稳步提高。

一是涌现出一批大中型企业。1995年乡镇企业总数达2463万个，比1990年增加了612万个，平均每个企业所拥有的人数和固定资产以及所创造的增加值和利税都有较大提高，很多企业通过自身资本积累，滚动发展扩大了企业规模，1995年营业额收入超亿元的乡镇企业达400多家，这些企业只占乡村集体企业总数的0.2%，但他们创造的增加值和利税却占到全国乡镇企业总量的15%以上。其中江苏省符合国家大中型企业标准的乡镇企业就达1500多家。同时在这一阶段发展了一批颇有实力的外向型企业。1994年11月8日农业部发布了《关于表彰1000家全国最佳经济效益乡镇企业的决定》，提出"乡镇企业以市场为导向，以质量为前提，以效益为中心，促进全国乡镇企业高效、持续、快速、健康发展"[14]。

二是培育了一批发展乡镇企业的重点县市、乡镇、村和企业。20世纪80年代末国家实行乡镇企业整顿以来，各地注重抓重点，在领导力量、政策措施、资源配置等方面实行倾斜，形成了具有区域经济特色的支柱产业和专业市场。农业部表彰的25个全国乡镇企业先进县，就是他们中间的突出代表。这些县的乡镇企业都有自己的支柱产业，已经形成很强的辐射和聚合能力，带动了当地其他产业的共同发展。特别是一大批各类专业性和综合性的市场蓬勃兴起，如浙江绍兴柯桥的轻纺市场、辽宁海城西柳的服装市场、江苏盛泽的丝绸批发市场、河北辛集的皮毛市场、浙江义乌的小商品市场等。

1992—1994年出现了继1984—1987年后的第二个乡镇企业发展高峰期。1992年和1993年，国务院连续发了两个支持乡镇企业发展的文件，再次充分肯定了乡镇企业在现代化建设中的重要作用，并且特别强调要加快中西部地区乡镇企业的发展。乡镇企业在全国范围内普遍发展，沿海发达地区出现了一大批大中型规模和企业集团性质的乡镇企业，出现了工业小区，办起了一批三资企业。1992—1994年，全国乡镇企业增加586万个，职工增加2409万人，总产值猛升1.4倍，纯利润增长1.3倍[15]。

1997年以后，中国的乡镇企业进入结构调整与体制创新阶段，这一阶段表现出如下特征：

首先，从数据上来看，这一时期的乡镇企业处于增长速度下降和趋于平缓的状态。

1997—1998年两年间，全国乡镇企业单位数由1996年的2336万个下降到1998年的2004万个，减少了14.21%；从业人数则由13508万人减少到12537万人，减少了7.19%。单位数和从业人数减少了，但乡镇企业创造的产值并未减少。未扣除价格因素，实现的营业收入由68342亿元增加到89351亿元，年均递增14.34%；创造的增加值由17659亿元增加到22186亿元，年均递增12.08%。同时，乡镇企业的实现利税总额由4351亿元增加到5112亿元，年均递增17.49%；实缴税额由1436亿元增加到1583亿元，年均增加4.99%。1999年，全国乡镇企业在原有基础上进一步发展。此年乡镇企业单位数略有回升，达2071万家，较上年增长3.3%；实现营业收入100932亿元，净利润总额5392亿元，实缴税金1790亿元，分别较上年增加11.2%、13.0%和13.0%[16]。

其次，从政策调整来看，这一时期国家对于乡镇企业的政策支持转向扶持以及改革调整并行的阶段。

一方面，国家出台法律对乡镇企业继续进行支持和扶持。1995年1月15日，在总结前两年工作经验的基础上，农业部正式制定了《乡镇企业东西合作示范工程方案》，得到了中共中央、国务院的认可，并以文件形式发布，其中提出了"要积极实施乡镇企业东西合作示范工程，办好一批东西合作示范区和示范项目"[17]的要求。国务院办公厅于1995年2月将此方案正式转发各地贯彻执行。这一方案的主旨便是"通过推动地区间的经济合作"缩小中西部与东部地区的经济发展差距。合作方式是引导东部地区乡镇企业将其拥有的先进技术、雄厚财力和科学管理等优势与中西部地区丰富的原材料、能源和劳动力资源优势广泛地结合起来，使他们各自的资源优势变为经济优势，推动中西部地区乡镇企业的进一步发展，提高中西部地区农民的收入水平并促进其剩余劳动力的转移，从而缩小中西部地区与东部地区之间的经济差距。这一方案很快收到很好的效果。到1997年，中西部乡镇发展较快。1991—1997年，全国乡镇企业产值平均递增率为40.5%，其中东部为37.7%，中部为43.2%，西部为56.8%，中西部的速度明显快于东部。各地区乡镇企业产值占总产值比重也明显发生了变化。东部由1991年的65.2%到1997年降为57.8%，而中部则由30.5%上升为34%，西部则由原先的4.3%上升为8.2%[18]。

在前一阶段乡镇企业快速发展的情况下，1997年国家又接连颁布一些政策为乡镇企业经济保驾护航。1997年1月1日正式实施《中华人民共和国乡镇企业法》，为乡镇企业的改革和发展奠定了法律基础。同年1月14日，国务院又召开了全国乡镇企业工作会议。3月11日，中共中央、国务院批转农业部《关于我国乡镇企业情况和今后改革与发展意见的报告》。1997年关于乡镇企业的三大法律和政策出台为乡镇企业深化改革以及继续发展营造了更为良好的环境。

另一方面，自1996年以来，国务院要求围绕环境保护，以污染治理为重点，关停"五小"[19]和"十五小"[20]企业。据调查分析，"十五小"企业的产值占到当地工业总产值比重一般不到1%，关停之后可以减少当地的废水、废气和废渣等的排放总量的8%，因此关停这些企业对于减轻农村环境污染、合理利用资源、促进经济增长方式的转变有着十分重要的意义。

其实，从当时国内外的经济环境来说，乡镇企业自身也由于各种因素产生的矛盾和问题不断积累，在改革创新方面的不适应也越来越突出，但危中有机，这些也促使着乡镇企业自身做出一些创新和调整。首先是自20世纪90年代中期以来，乡镇企业出现了分化重组的新趋势[21]。一方面，少数面向全国市场和国际市场、产品科技含量高、竞争力强的名牌企业及骨干企业迅速崛起，一批优势产业、优势产品、优势企业和规模企业迅速形成；另一方面，相当多的乡镇企业出现了竞争能力和劳动力吸纳能力减弱、增长速度回落、经济效益下滑、亏损问题加重、出口增长明显放慢、融资形势日益严峻等严重问题。其实质原因在于乡镇企业自身在经营规模、产品结构等方面的弱势。因为从规模上来看，虽然我国乡镇企业经过近20年的发展，在经济总量上形成"三分天下有其二"的局面，但它们的增长主要来自企业数量上的扩张，实际上企业规模普遍较小，常常达不到规模经济的基本要求。如数据显示，1990—1999年虽然乡镇企业资产规模有较大的增长，但平均规模只有20万元左右，仅为同期上市乡镇企业平均规模93578.69万元的0.264%，与城市工业企业相比，更是相去甚远。此外，从产业结构来看，乡镇企业在产品结构上高度雷同，还有很多是科技含量较低的大路产品。如1998年乡镇企业的生产总值中，工业、建筑业和批发零售业占88%，而农业、交通运输业、餐饮服务业加起来只有10%左右[22]。小巧灵活固然是乡镇企业的优势之一，但是在现代化社会大生产的时代，过小的规模和过于集中的产品结构也越来越不能充分获取分工和专业化带来的规模效应，而且使其处于低水平竞争的地位，非常容易出现系统性风险以及造成企业之间的恶性竞争。此外，乡镇企业还有诸如环境污染、产品质量低、企业管理水平低下、政企不分、产权不清等问题和困境。种种现实情况迫使企业通过扩大生产规模来降低成本，提高市场占有率，从而增加企业的竞争力和抗风险能力。

与此同时，较为集中的产品结构也可以为乡镇企业通过重组扩大规模提供契机。于是，一部分发展较好的企业通过兼并同类企业迅速达到扩大生产规模、提高市场占有率的目的，还有一部分乡镇企业特别是发达地区的大量集体企业转制为私营企业，使得个体经济取代集体经济成为推动乡镇企业发展的主要力量。这就是1997—2000年间乡镇企业的"第二次创业"。这次重新崛起是乡镇企业根据环境特点和自身发展水平去寻找新的增长点，以提高企业运行质量和效益，实现经济增长方式从粗放型向集约型的根本转变为目标，主要内容是进行结构调整优化，战略重点为主攻农业产业化，发展"龙头企业"，实现主导产业的更新和优化升级。通过20世纪末的"二次创业"，广大乡镇企业建立起现代企业产权制度、经营制度及管理制度，为自身的可持续发展注入新活力，还为农村富余劳动力的转移提供更宽的就业渠道。

京郊乡镇企业的重组转制是其中的经典成功案例。1996年京郊乡镇企业在生存和发展都十分困难的情况下开始了资产重组和制度改革探索，在1997年取得阶段性成果的基础上，1998—2000年进入改革的高潮时期。2000年中共北京市委又下发了京发〔2000〕06号文件，为京郊乡镇企业重组转制工作提供指导意见。到2001年，工作取得显著成效。根据调研，京郊乡镇企业在重组转制过程中，在形式上呈现多样化的局面，主要有转成股份制或股份合作制、整体出售以及租赁等其他形式，从而实现了乡镇企业产权的多元化，也扩大了企业的资金来源，同时还优化了人才结构，使企业经济效益和运行质量都有明显提高[23]。

此外，企业本身的结构调整优化也是乡镇企业"二次创业"的重点内容，很多乡镇企业顺应当时中国农业产业化的良好形势，通过主攻农业产业化，发展"龙头企业"，实现主导产业的更新和优化升级。很多有识之士也认为在当时形势下，乡镇企业"二次创业"的最大优势和路径就是回归农业[24]，也就是说要发挥其投资开发农业的主力军作用，创建农业企业集团，促进农业产业化的发展。具体来说就是乡镇企业可以发展农业，发展农副产品加工业、运销业和农用工业，还可以发展为农业及农产品加工提供产前、产中、产后服务的体系。《中共中央关于制定国民经济和社会发展第十个五年计划的建议》中提出，各地一定要引导乡镇企业推进结构的调整，鼓励和支持农产品加工和销售企业带动农户进入市场，形成利益共享、风险共担的组织形式和经营机制。

《中共中央、国务院关于做好2001年农业和农村工作的意见》中指出："发展乡镇企业是转移农业富余劳动力的重要途径。要引导乡镇企业继续推进两个根本性转变，加快结构调整、技术进步和体制创新，实现新的发展。乡镇企业要立足当地资源优势，重点发展农副产品加工、储藏、保鲜、运销等行业，加快改造传统工业，积极发展商业、运输、饮食服务、旅游等劳动密集型产业。加大科技投入，搞好技术改造。放手让群众从实际出发，探索和选择企业的经营方式和组织形式。"[25]可以说，20世纪90年代中后期以来很多乡镇企业又接着农业产业化的东风完成了自身的第二次蜕变。

二、农业剩余劳动力转移：由就地兼业到城市打工

农业劳动力的转移主要是指农业劳动力向农村二、三产业

和城镇的转移等。农业劳动力的转移状况在很大程度上标志着一个国家的工业化、现代化状况。我国农业劳动力剩余量大，它的转移在相当长一段时间内是我们必须关注的一个社会经济问题。

农业劳动力是个绝对概念，凡是农业生产活动从事者都可归入农业劳动力范畴，而农业剩余劳动力是相对于一定时期、一定农业生产力水平及对农业资源开发、利用的广度和深度而言的。所谓农业剩余劳动力，是指在我国目前生产条件下，农业劳动力总供给超过总需求的差额[26]。根据专家的分析研究，农业剩余劳动力可以从两种意义上加以界定。一是农业劳动力的社会必要量的差异，即现有农业劳动力大于满足社会对农产品的需要的部分农业劳动力。这种超过农业实际需要量的剩余劳动力，又叫"绝对剩余劳动力"。这是由现有劳动力的数量、社会对农产品的需要量，还有农业劳动生产率水平等三个变量决定的；它从社会利益角度衡量农业与非农业的最佳劳动力分配比例，主要反映社会利益和全局利益。二是边际收益小于非农劳动力边际收益的那部分农业劳动力，这种边际收益等于或小于零的农业剩余劳动力，又叫"相对剩余劳动力"。相对剩余劳动力由农业与非农业的相对生产率及其农产品与非农产品和劳务的比价所决定，它主要反映的是农民与其他成员之间的利益关系。由此而言，农业劳动力的转移实质上是农业领域的劳动力向非农产业领域的转移，这其中包含产业转移和地域转移两个方面的转移路径，由此形成以下两个层面：第一，农业劳动力就业岗位转移；第二，农业劳动力转移，包括直接在农业领域就业的人员转向非农业领域就业和原来尚未加入农业劳动者行列的人口直接进入非农产业领域就业。此外还要注意的是，农业劳动力与农村劳动力属于两个不同的概念范畴，前者只包括农、林、牧、副、渔五业在内的劳动者人数，后者既包括农业劳动力，又包括农村二、三产业内的劳动力，它的数量范围比前者更为宽泛。但是由于当时我国广大农村劳动力中从事农业的所占比重极大，因此在20世纪90年代一段时期内农业劳动力和农村劳动力在某种程度上成为同义语。我国是农业人口大国，农村人口基数大，增长速度快，这是农业劳动力产生剩余的主要原因。在传统农业经济内部，大量使用的是土地等非再生型资源，持续大量增加的人口势必对此形成巨大的压力，使得劳动的边际生产力非常低下，甚至降到零。而现代工业运用厂房、设备等可再生型资源，生产规模也随着生产的发展和资本的积累而不断扩大。因此在农业、工业在国民经济中占主体的二元经济结构时代，农业必然产生越来越多的剩余劳动力，而工业则成为吸纳或承接农业剩余劳动力转移的可能载体[27]。

　　中国实施改革开放政策以来，经济体制和结构都相继发生了重大变化。随着国家乡镇企业的发展和国有企业的改革，工业出现了大量的劳动力需求，农业劳动力被长期固定在有限土地上的状态被逐步打破，农业劳动力向非农部门的转移也随之出现加速的趋向，这就是20世纪90年代中国劳动力转移的大致原因和趋势。在20世纪80年代末以前，中国农业劳动力的转移，主要采取了所谓"离土不离乡，进厂不进城"的农村内部就业转移模式，也就是由农业向农村二、三产业转移。无论是苏南模式、宁绍模式，还是温州模式、耿车模式，都是以农村的乡镇企业、个体工业等作为非农产业的载体来缓解农村剩余劳动力的就业压力。其中，尤以乡镇工业的发展对农业劳动力转移的影响最为显著。1978—1988年，我国的乡镇企业以平均每年672万人的速度吸收农村剩余劳动力就业，职工数从2826万人增加到9545万人，相当于当时国有企业的职工总数。与此相对应的是农业劳动力占全国社会劳动力的比重，从原来的70.9%下降到57.9%，以每年1.3%的速度下降着[28]。然而中国的乡镇企业自1989年发生了较大变化。统计资料显示，此年的乡镇企业单位数从1888.2万个降到1868.6万个；到1990年，乡镇企业单位数降到1850.4万个。同时，职工人数也相应地减少，但人均产值有所上升。这说明乡镇企业经过10年的外延式扩张自20世纪90年代以来已经进入技术内部以及结构发展阶段，也意味着它对于农业剩余劳动力的吸纳能力有所下降。"离土不离乡"的就业转移模式由此受到冲击，新的形势驱使着农民走出家门到外地打工，从而形成了20世纪90年代以来中国劳动力转移的新潮流——"民工潮"。

1991年，中央电视台播放了由广州电视台制作的10集电视连续剧《外来妹》，而轰动全国，此剧主要描述6个从穷山沟赵家坳到广东打工的女性的命运。作为改革开放前沿地区的广州，及时把握住了当时社会的潮流，即农民出外打工这样的新的劳动力转移形式。其实中国农业劳动力跨地区流动早在20世纪80年代初期就已出现，但大批的潮流却是在20世纪80年代中期尤其是90年代以来出现的。当时我国农业人口急剧增加、乡镇企业吸纳能力下降，因此才使农民流动日趋活跃，规模逐渐增大。"民工潮"就是特指当时数以千万计的中国农村剩余劳动力形成的一股由北向南、自西向东、离开农村到城市、由内地朝沿海的民工大迁移潮流，这股风潮在1992—1994年发展势头最为迅猛，随后进入平稳盘整阶段[29]。这一阶段除了跨地区、远距离的转移以外，还表现在农业剩余劳动力逐渐向小城镇转移，这主要发生在东部地区。由于这部分地区的乡镇企业在20世纪80年代初步发展起来的基础上，开始向规模经营发展，通过建立"乡镇工业小区""乡镇企业城""农民商城"等形式创建小城镇，使农村非农产业向小城镇集聚，开创了农村工业化与农村城镇化的同步发展。如由于乡镇企业的进一步发展和农业产业化的经营，山东省已经有1000万农民进入小城镇；而苏南地区每个小城镇所容纳人口已由过去的几百人、几千人增加到20世纪90年代中期的平均两万人以上[30]。而当前东部地区小城镇有一半以上甚至八成以上是移民，中西部地区也有三成以上是移民[31]。国家政策与此同时也大力支持着农村工业化和小城镇建设。1993年10月，中央召开的农村工作会议明确提出："在稳定发展农业的同时，积极发展二、三产业，搞好小城镇建设"，"使小城镇成为区域性的经济中心"。1994年9月经国务院批准，国家建设部等六部委联合下发了《关于加强小城镇建设的若干意见》，确定以小城镇建设作为推动农村经济全面发展的重要举措。1995年2月国家建设部提出"625"工程试点计划，即选择6个沿海城市作为乡村城市化的试点，在中部地区选择两个区域性小城镇建设试点；在全国选择500个小城镇建设试点，这样的举措进一步推动着农村城市化建设的步伐，同时也推动着农业劳动力转移的"离土又进城"模式。

总之，到20世纪末中国农业劳动力转移模式已经形成了十大模式，他们分别是：（1）苏南以集体经济为主的乡镇企业就地转移模式；（2）温州以个体私营经济为主的乡镇企业综合转移模式；（3）珠三角以外向型经济为主的合资企业就地转移与吸纳模式；（4）山东省以个体私营经济为主的农业产业化综合转移模式；（5）上海市郊区"三集中"转移模式（工业向园区集中，耕地向规模经营集中，农民向集镇集中）；（6）强村带动就地转移模式（以河南南街村为典型）；（7）小城镇发展综合转移模式；（8）中西部贫困地区外出打工转移模式；（9）市场带动转移模式；（10）村庄兼并转移模式。这说明20世纪末中国已经具备了进行农业产业化经营和加快推进城市化进程的条件和能力[32]。

第三节

农业产业化初步发展，农村产业结构适度调整

20世纪90年代以来，中国的经济体制改革已经从农村、农业逐渐转移到城市、工业，在此期间由于城市国有经济体制改革的影响，也结合农业自身所具有的产业短板，逐渐摸索出符合本国农业生产特征的产业化之路，在农业产业化发展的初期阶段，利用产业改革的优势，逐渐将产业结构调整从原先的农业扩大到了农村。

一、20世纪90年代以来中国农业产业化趋势

2001年3月5日上午第九届全国人民代表大会第四次会议《关于国民经济和社会发展第十个五年计划纲要的报告》中指出，加快农业和农村经济结构调整，大力促进农业产业化经营，积极推进农村各项改革。这是政府文件中首次正式提出"农业产业化"的号召和倡议。其实在此之前数年间，中国各地已经掀起农业产业化的实践活动和探讨热潮。农业产业化是在实践中创造发展起

来的，可以说它是继家庭联产承包责任制之后的又一个创造，是中国农业在走向现代化农业的伟大实践中摸索出来的一条成功的新路。农业产业化是农村改革和发展进程中的制度创新、组织创新和经营机制创新。发展农业产业化就是以国内外市场为导向，以提高经济效益为中心，以资源开发为基础，对农业和农村经济的主导产业、产品按照产供销、种养加、贸工农、经科教一体化经营原则，进行多层次、多形式、多元化的优化调整，发展各具特色的产业实体或体系，以实现区域化布局、专业化生产、一体化经营、社会化服务和企业化管理。

　　"农业产业化"（Agribusiness）是最早由美国哈佛大学商学院的高德伯格在20世纪50年代提出的一种农业经营概念。它通常是指从供应投入品，如种子、肥料及机械等，到食品加工者和零售商的一个由一系列公司和社会团体所组成的有序链条。这个链条亦被称为"农产品供应链"。作为一种制度框架和产业体系，农业产业化是农业技术进步和现代化发展的必然产物。因为只有当农业生产技术进步使得生产力水平获得极大程度的提高之后，农业生产各个部门以及关联产业之间的联系更为紧密，农业因此由相对独立的家庭小生产逐步演变为关联性很强的社会化大生产，传统的农业生产才有转变为产业的可能。因此一些发达国家早在20世纪五六十年代就已经进入农业产业化经营的发展阶段，这与其农业经营规模的扩大有着紧密的关系[33]。

中国的农业产业化作为一种新的生产以及经营方式，诞生于我国从计划经济体制向市场经济体制转轨的1992—1993年。这种新型的经营方式由山东省潍坊市率先摸索提出，当时由于在农业发展过程中遇到了一些新问题，如农民单家独户分散经营无法与市场进行对等接轨，城乡关系、工农关系不协调，农业效益仍处于较低状态；同时与其他产业利益分配不合理情况也时有出现；此外还有农业市场法规不配套和不完善等客观矛盾。其实以上这些问题，都是由经济转轨中原有小农经济传统经营模式与社会化大生产市场经济日益凸显的冲突所造成的，说明原有的传统农业运行机制和生产经营方式已经逐渐不能适应现代化农业高速发展的要求，时代和产业都亟须一种更高层次和适应生产力水平的运行机制和经营方式。

作为农业大省的山东走在了农业产业化经营探索的前列。1992—1993年，潍坊在认真总结了临近县市如诸城、寿光、高密等县市区的做法以及考察日本、法国、美国等发达国家管理现代化农业的先进经验的基础上，提出了基于自身情况和时代背景的"农业产业化"概念，具体来说就是要解决农村改革与发展中的深层矛盾，按照产业化的要求来组织农业生产和农村经济，尽快形成内联千家万户、外联国内外市场的产业化、专业化、一体化、系列化生产经营体系。在这样的思想指导下，1993年潍坊市正式决定在全市范围内全面实施农业产业化战略。围绕农业产业化战略，潍坊实施了"产业化四条"：首先是确立主导产业，其次是进行龙头企业建设，再次进行商品基地建设，最后是强化农村社会化服务体系建设和加快市场培育。

经过了政府的引导和有力部署，实施农业产业化战略一年以来，潍坊农村经济取得了显著的成效。龙头、基地、农户三者已成为一个密不可分的整体，在充满风险的市场面前农民再也不会茫然失措、无所适从。在4000个大中小龙头企业带动下全市60%农户参与了一体化经营。1993年全市农业总产值126亿元，比上年增长30.8%；农民人均纯收入1238元，比上年增长266元，是历史上增长增收最快的一年。

实践证明，按照农业产业化组织发展农村经济，使农业利用好外在的拉力和内在的动力，是农业实现自我保护、自我积累、自我发展的良好实施路径[34]。

1994年，山东省委印发1号文件，号召全省推广潍坊农业产业化经验，并要求按照产业化组织农业生产，山东省农业产业化战略进入全面实施阶段。在省里发文件的同时，各地市也陆续出台了一系列发展农业产业化的政策措施，在全省迅速掀起发展农业产业化的热潮。在山东的成功经验下，全国很多地区如广东、浙江等地也相继出现了贸工农一体化的经营模式。

1995年3月22日，《农民日报》发表《产业化是农村改革与发展的方向》，文章提出"产业化是农村改革与发展的方向"，"产业化是农村改革自家庭联产承包制以来又一次飞跃"。同年5月2日，《农民日报》一版头条发表评论员文章《积极稳妥发展农业产业化》。

20世纪90年代中后期以来各地根据山东的成功经验，在"风险共担、利益均沾"的经济运行机制中，因地制宜，创造出适合本地发展的农业产业化经营模式，其中最基本的模式类型有龙头企业带动型、农民专业合作社连接型、专业农协服务型、批发市场辐射型，分别形成以龙头企业、农民专业合作社、专业农协及其他载体为利益机制的产业化模式。

龙头企业是农业产业化经营的中枢环节和核心载体，它也是中国20世纪90年代中期以来农业产业化实践的先驱组织。众所周知，农业产业化的"山东模式"突出的一条经验就是狠抓龙头企业尤其是加工型企业的建设。1995年全省已经建成各类农副产品加工龙头企业1022家，带动生产基地333万顷，连接农户1000万家，全省三分之一地区实现了以龙头企业带动发展的产加销一体化经营体制，实现产值597亿元，利税43亿元，使山东农村经济成为全国学习的典范[35]。农业产业化的最大创新意义在于运用现代工业的管理方式组织和改造传统农业生产经营。通过各种类型的龙头企业以效益为中心进行资源配置活动，把农业领域内的各种生产要素在一定规模上有机高效地组织起来，形成市场牵龙头、龙头带基地、基地连农户的一体化运行机制，使传统农业具备市场化、专业化、集约化等特点。

农民专业合作社是农业产业化经营中的又一重大坚实力量。合作社经济是个体生产者或居民为摆脱中间剥削而组织起来的经济组织，最早出现于19世纪的英国。我国在20世纪初就从西方引进并接受了合作社思想，并相继成立了不同经济内容的合作社。1953年在城乡大力推行合作社，1956年实现了农业合作化。但是从1956年到1978年20多年我国的农业合作社是一种生产的集体化经营，也就是将各家各户分散的土地耕畜、农具等生产资料集中起来统一使用，社员们共同劳动，社里统一安排生产计划和劳动力调配；年终时，在缴纳公粮和交售粮食收购任务后，根据出力的大小来进行收益分配；集体的农资需要由国家统一按需分配，每个公社都有供销社存在。这就是当时的农业生产合作社的基本运营方式。

改革开放以来，我国农村逐步确立了以家庭承包经营为主、统分结合的双层经营体制，农业生产中个体农户家庭经营的优长得到发挥，农民积极性提高，农业生产力快速发展，产量增加，结构也随之调整。随着农产品商品化生产的发展，广大农民遇到了个体经营与社会化大市场的信息不对称等现实矛盾。首先是个体农户的农产品"卖难"，其次是家庭经营很难完全将生产、加工、销售等完全产业链有效地联结起来，而且当时农村与市场的唯一传统链条——供销社也逐渐退出农产品购销市场的舞台。经济和市场形势呼唤着新型农业组织的出现。于是在20世纪70年代末80年代初期，作为联合个体农户的组织，农村专业技术协会在各地零星产生了，这是一种在组织上比较松散、合作内容停留在信息交流、技术推广和辅导活动层面的农户联合组织。很快这种组织远远不能满足广大农户需要将全产业链联合在一起的需求，一种更贴近市场和社会化大生产的农民合作组织应运而生。

1991年，国务院颁布《关于加强农业社会化服务体系建设的通知》，指出将农村专业技术协会、专业合作社作为农业社会化服务的形式，并要求各级政府对其给予支持[36]。1994年山西在省领导和中央有关部门的支持下，以日本农协为榜样分别在定襄、祁县、万荣、临汾4个县，开展合作社试验。其中祁县在其下辖的4个乡镇建立了果业组织，在3个乡镇建立了奶业组织，并在县一级成立了联合会。万荣县则以原来人民公社时代的供销社为母体，组建了4个独立于供销社的农民专业合作社，借助供销社的渠道，为农民提供农产品加工和销售服务[37]。与此同时，山东省莱阳市在与外商洽谈农产品加工出口项目时，受到日本的启发，开始关注农民专业合作社。1995年莱阳照旺庄镇祝家疃村支部书记王宇敏为了解决农民卖菜难等问题，在市领导支持下带头办起了宇敏蔬菜供销合作社。随后该镇镇办企业宏达食品有限公司为了加强原料收购，降低运作成本，也从原来直接与农户合作的模式，转向"公司+合作社+农户"模式，联合当地20个乡镇100多个村的283户农民，成立了莱阳市宏达果蔬加工合作社。该市的其他乡镇也有零星效仿者。

在20世纪90年代中期山西和山东的实践之后，山东宁津、泰安，河北邯郸，北京顺义、房山等地都相继举办起来一批农民专业合作社。1995年中共中央、国务院在《关于深化供销合作社改革的决定》中提出了发展农民专业合作社的意见。同时国家财政予以支持，1997年财政部文件规定"专业合作社销售农业产品，应当免征增值税"。次年《中共中央、国务院关于1998年农业和农村工作的意见》中提出，要"发展多种形式的联合与合作。农民自主建立的各种专业合作社、专业协会以及其他形式的合作与联合组织，多数是以农民的劳动联合和资本联合为主的集体经济，有利于引导农民进入市场，完善农业社会化服务体系，要加大鼓励和大力支持"。

农民专业合作社的发展与农业产业化相伴而生，都是市场经济发展下农业生产力提高的客观产物。合作社正是具备了连接产业链条的特殊功能，并且具有技术、信息、设备共同使用等社会化服务特征以及金融支持和合作保险等功能，才能使得农业摆脱传统个体农业经济的束缚变成社会化大生产的一部分，这就是合作社促进农业产业化的重要支点。因此它才能成为几乎与龙头企业同等重要的农业产业化载体，在现代化农业发展中起着积极的作用。

2002年，农业部在全国选择100个专业合作组织、6个地市以及浙江省作为综合试点单位，并围绕11个优势农产品区域、35个主导产品以及名特优产品产业带的开发建设，开展农民专业合作社试点工作[38]，表明了国家对于这项新型农业组织对农业产业化所起到的巨大作用的承认及将其进一步推广的信心。

二、产业结构调整：从农业到农村

产业结构是指国民经济中各个产业部门之间和同一产业部门内部各个组成部分之间的联系和比例关系。在20世纪90年代，农业作为我国主要产业，是国民经济的基础。农村作为20世纪90年代中国人口居住的重要地域和生业场所，居于其中的农村产业结构首先是国民经济的重要组成部分，其次是关乎农村居民生计和收入的重要层次分属。从构成来说，农村产业结构主要由农业、农村工业和农村服务业三个产业组成。党的十一届三中全会以来，党和政府在引导广大农民实践推广以家庭联产承包责任制为主、统分结合的双层经营体制来增强生产者积极性的同时，也下发系列文件指导农业产业结构调整。与此有关的论述在本书第一章已经有详细介绍，在此不再赘述。总之，经过十多年的发展，我国的农业结构在20世纪90年代已经步入调整的稳定时期，主要表现在农业内部的农林牧副渔各业已经有了相对合理的配置。如与1978年相比，全国农林牧副渔业总产值中，1997年农业所占比重由80%下降为56.4%，牧业由15%上升为31%，林业由3.4%降为3.3%，渔业由1.6%上升为9.3%。但是我们也要认识到，当时农业产值仍占第一位，林业、渔业、牧业产值三项合计占农林牧副渔总产值的43.6%，比农业产值低12.8个百分点，也就是说占用我国土地面积10%的种植业创造了50%以上的产值。同时在农业的种植业内部，粮食生产又占据第一位，农产品的品种结构即种植业中粮食作物和经济作物结构不合理，造成粮食过剩和经济作物短缺的矛盾，此外由于农产品种植结构、区域结构趋同，使供求之间形成结构性矛盾，出现了结构性剩余，使得农产品价格普遍下降[39]。种种现状表明，我国农业的发展不能只依靠种植业尤其是粮食作物种植，而应该走多种经营和多产业互动的道路。因此，20世纪90年代以来农村经济的关注点有了从一直以来的"农业产业结构调整"到"农村产业结构调整"的转换。

中华人民共和国成立以来，我国的农村产业结构并非完全地以农业为主，也曾经试图走农村工业化的路子。从1979年到1985年，党的十一届三中全会以后体制改革、思想解放和政策调整促进了农村各业的发展。但在1983年以前，农村产业结构的变动还主要集中于农业内部，在粮食产量不断增加的同时，林、牧、副、渔各业及其多种经营已经得到一定程度的发展。1984年和1985年成为继1958年后农村产业结构变动的第二次高潮。据统计，这两年农村非农产业产值分别比上年增长40%以上，非农产业产值占农村社会总产值的比重分别上升到36.5%和42.9%；数据显示，仅1985年一年，就有大约1500万劳动力从农业部门转入非农产业部门就业，这主要是依赖于当时乡镇企业的迅速发展。许多人认为农村工业化的高潮已经到来，这在理论上为乡镇企业大发展提供了依据。

随着20世纪90年代农村经济体制改革深化阶段的到来，中国的农村、农业经济都保持了变中求稳和持续发展的态势，农村产业结构在许多方面都得到了优化。总的来说，农业产值在农村社会总产值中的份额以及农业劳动力占到农村总劳动力的比重都明显下降，但这并不表明当前我国农村产业结构已经实现合理优化，农业内部结构仍不合理，农村工业发展仍缺乏规模经济效益、第三产业发展严重滞后等主要方面的矛盾。

1998年10月中国共产党第十五届中央委员会第三次全体会议在北京召开，会议审议通过了《中共中央关于农业和农村工作若干重大问题的决定》，全会高度评价农村改革20年所取得的巨大成就和丰富经验，提出了到2010年建设有中国特色社会主义新农村的奋斗目标。值得注意的是，这次重大决定成为20世纪90年代党和国家将目光由"农业产业结构调整"转向"农村产业结构调整"的重要分水岭。

农村产业结构除了第一产业也就是农业内部的品种、结构以及地区间的不平衡以外，第二产业内部构成也十分不合理。由于改革开放初期到20世纪90年代中前期，我国经济基本上处于物资短缺时期，城乡居民对各类工业品需求量极大，导致以乡镇企业为主的农村工业在发展模式上为粗放型，在经济构成上与城市经济雷同化等特点。尽管这种做法在当时社会历史条件下具有一定的现实合理性，但是其造成的一些行业的过度发展也是值得重新调整的。20世纪90年代，中国农村工业与城市工业的重复率已高达80%以上[40]，这样就间接使得全国工业结构不合理的状况加剧。此外，农村工业与农业的关联度系数仅为0.4%，也就是说广大乡镇企业并未很好地利用农村先天的农业条件来做一些与农业有关的工业运营，而是很多都是盲目与城市工业接轨，造成竞争力普遍不足、发展模式粗放等特点。

农村的第三产业是在"自然产品—加工产品—劳务产品"递进发展的基础上产生的一类产业，它是从农业生产独立出来的一个特殊产业，其目的是通过自己的生产活动来为农、林、牧、副、渔各业服务。农村第三产业具体来说指农村经济中除了农业、工业和建筑业以外的行业，包括商品流通业、交通运输业、饮食服务业、物资仓储业、金融保险业、旅游业、房地产管理业、居民服务业、卫生社会福利服务、科研和综合技术服务、乡镇经济组织管理等行业，其中批发零售、运输、仓储、餐饮和金融属农村第三产业中的传统行业，在农村第三产业中占主导地位。随着工业化、城镇化对服务范围的要求不断扩大，房地产、广播电视、科研、咨询、旅游等新兴行业应运而生[41]。商品生产的外向性和第三产业的职能决定了农村经济和第三产业之间既互相依赖又独立的辩证统一关系。商品生产涉及生产、交换、分配、消费等各个环节，每个生产者使自己的产品价值得以实现都有赖于社会服务。此外，只有农村商品经济发展到一定程度时，第三产业才有可能得到繁荣与发展，此时农村的剩余劳动力、资金、技术、运输力等向这个方向转移，进而形成新的产业。

根据农业生产过程的特点，农村的第三产业可以从产前、产中、产后三个层次划分出特定的服务内容。首先是产前服务，也就是在调查市场供需情况的基础上，向生产者提供预测信息，指导生产者生产适销对路的产品，并做好农业生产的准备工作，主要包括信息服务、资金信贷服务、保险服务、良种服务等；接下来是在农业生产过程中提供的必要服务，如生产资料服务、科技服务、劳动力供应服务等；最后是产后服务，这主要是指农副产品的仓储运销和加工服务。此外，教育在农村第三产业中处于非常重要的地位，它贯穿于整个农业再生产过程中，是使农业内部结构发生根本变化的重要因素。

我国农村第三产业发展较晚，和发达国家相比比较薄弱。据统计，1990年在农村劳动力中，从事第三产业的只占9.34%，大大低于全国的18.6%和城镇的44.89%[42]。1992年6月中共中央和国务院做出了加快发展第三产业的决定；同年11月，国务院又召开全国加快第三产业发展工作会议，进一步明确了第三产业的发展目标、重点和政策。20世纪90年代农村发展迅速的第三产业类型主要有农村农业服务产业、金融业和一些新兴的产业如旅游业等。其中农村服务产业的发展最为迅速。

事实证明，发展农村服务产业威力巨大，成效显著。20世纪90年代以来，全国各种涉农技术经济部门、组织、社团都积极投入农村服务体系的建设当中。农村供销合作社重新起航，国营粮食、食品和外贸部门参与农村农业信息的推广和农产品销售；农业、林业、农机、水利等部门，各级科委、科协，以及各种农业科研机构、大专院校和"民营"型科技实体积极参与农业科技创新和推广服务工作；还有乡、村一级的村社服务组织，农民自办的农业协会、专业合作社或专业技术协会等组织，都为发展农村服务产业做出贡献，创造出多种富有成效的促进农村服务产业化的新途径和方式。其中合作组织完善服务网络模式，是由农村合作经济组织如供销社、信用社等，依靠自身网点遍布全国、实力雄厚、设备配套的优势，将设在县、乡、村的各类服务网点完善发展，联网成体，构成多功能、系统化的农村服务网络。农技机构创立服务实体则是由国家设在农村的农业科技事业机构，如农技站、水利站、植保站、农机站、土肥站、防疫站、良种站等转轨变型，单独或联合开展服务活动。科技先导、科商结合开发式，则是由农村供销合作社与专业科技机构或科研院校相结合，以新技术为手段，开发新品种、新产品、新基地。农商联合集团服务承包式，是由农业部门、农业院校和农村供销合作社建立联合集团，以合同形式对农民大田作物实行承包服务。横向联合"三跨"一体服务式，是由跨部门、跨行业、跨地区的供销社、农林牧以及其他涉农技术经济部门优势互补，结为服务联合体，共同演出农村社会化服务的"大合唱"。"贸工农"相融合系列服务式，是技术含量较高的贸易、加工和农业生产相互融合的系列化服务方式。这种方式又有多种类型，有以外贸公司为"龙头"形成"公司+农户"型；有以科技服务公司为主体，形成"技工贸"一体型；更多的是以农村供销社为一体，形成"产供销"一体型服务体系。政经一体社区统一服务式是农村基层行政机构和社区经济相互结合、由村民委员会、村民小组演变而产生的服务方式。许多社区采取统一服务形式，统一管理、协调社区内的服务工作，诸如统一机耕、排灌、治虫、防病、收获等。村社联合共建综合服务站是指广大基层供销社以原有服务为基础，并与地域性或村级服务组织联合，建立村级综合服务站，把农村服务向深度、广度扩展，具体做法是基层社提供会计、商品等，村干部或村委会提供人员和房屋、设施，双方联合起来，开展多种服务。此外，还有专业合作自助服务式，由农民自愿组织、自主决策的专业合作社或专业技术协会提供服务，也有的专业合作社或协会是由供销社引导、帮助组织起来的。这类自助型组织多建立在饲养业和技术作物领域，具有民办、民管、民享的特点，被称为"农民自己的合作组织"。

数据显示，1978—1997年在农村三个层次的产业GDP结构中，第一产业（农业）比重由原先的78.95%迅速下降到36.24%，年均降幅达2.25%；第二产业的比重由11.70%迅速上升到41.39%，年均升幅为1.56%；第三产业的比重由9.36%上升到22.38%，年均升幅为0.69%。在农村产业结构中，第二产业不仅地位高于第三产业，而且所占比重的增幅快于第三产业，表明农村非农产业的增长呈现出以第二产业为主体的特征[43]。总体来说，农村第三产业的发展还受到一些客观因素的影响，如农业商品化程度低，影响了后续产业从传统产业中剥离分化的速度；农村工业化、城镇化水平低，第三产业发展缺乏外力牵引；政府公共服务系统活力不足；社会资源进入第三产业仍存在着城乡制度和行业壁垒[44]。以上这些客观因素的影响可以使得人们更加清晰地认识中国农村第三产业的生产与经营规律，从而更好地发挥其作用为"三农"建设贡献力量。

第四节

粮食实现稳定增产，农民收入问题受关注

1992—2001年10年间中国农业辉煌的成就就是基本解决了粮食增产问题，但同时也出现了粮食过剩等问题，"增产不增收"是这一时期粮食问题的重要内容。这一时期粮食虽然增产了，农业结构也在持续调整，但是农民收入出现了增产不增收的情况。这表明中国农业成长的阶段和方式已经在悄然发生着变化，如何增产已经不是农业发展的主要问题，取而代之的是农民如何增收的问题，同时中国农业的问题也在逐渐转变为"三农"问题。

一、20世纪90年代粮食供需格局的变化

首先，中国粮食生产经历了调整、稳定阶段。中国粮食生产在20世纪80年代后期出现了停滞徘徊的局面，产量在3.9亿～4亿吨波动。1990年粮食生产又获得大丰收，农民卖粮难问题再次凸显，国务院决定建立旨在稳定粮食市场的专项储备制度，并对议价粮收购实行最低保护价格，从而使1991—1994年粮

食产量基本保持1990年水平。1995年2月，中央农村工作会议提出实行"米袋子"省长负责制，指出省一级政府负责的主要内容有稳定粮田面积、提高粮食单产、增加总产量；负责收购70%～80%的粮源；建立粮食地方储备制度；建立粮食风险基金；负责完成地方粮食进口任务；安排好地方粮食市场，确保粮食供应正常、价格稳定。可以说这一制度有效地保证了粮食"三个稳定"（面积稳定、产量稳定、库存稳定）、"两个平衡"（总量平衡、地区平衡）。总体来说，1985—1996年用了12年时间，使粮食生产再次登上新台阶，其中，产量由4.5亿吨上升到5亿吨仅用了3年的时间。1996年粮食总产量突破5亿吨大关，提前4年实现了中央提出的20世纪末的粮食增产目标。1996—1998年全国粮食总产量连续3年稳定在4.9亿吨以上，同期国内粮食年均总消费量4.8亿吨左右，年度供大于求的量在1000万吨以上，其中主要的粮食品种玉米、稻谷供大于求，小麦总量平衡有余。人均粮食占有量分别达到了419千克、401千克和412千克。国家粮食储备达到历史较高水平，高于世界粮农组织确定的总储备量占总消费量17%～18%的安全警戒线。此外，国内粮食长期净进口的历史有所改善[45]。

但在增产的同时中国粮食问题仍未完全解决，这主要表现在粮食过剩带来的价格下跌现象。总的来说，我国粮价下降的主要特点有以下几点。一是累计下降幅度大。二是下降时间长。1995

年10月，伴随着国际粮价持续大幅度下降，以大米和玉米价格开始下降为标志，国内主要粮食品种市场价格开始下降。到1999年10月为止，粮价呈低迷、下降的状态已达49个月之久。三是下降范围广。四是国内外粮食市场价格联动效应密切。

为了改变这种局面，国家于1994年和1996年两次提高粮食定购价，提升幅度都在40%以上，结果定购价从1996年到2000年一直超过市场价；并从1996年开始大范围实行保护价敞开收购政策，保护价与定购价相差不多，显著高于市场价，由此有效地刺激了农民生产和售粮的积极性。到1997年底国有粮食库存达到4000亿斤，但是据估计至少有2000亿斤是过量库存。

但是粮食过剩问题和由此而来的"卖难"问题依然存在，这就不得不使人努力思索其中隐藏着的结构性原因。学界普遍认为20世纪90年代我国粮食问题的实质是"结构性过剩"，有学者具体分析由结构性过剩、低水平过剩、浅表性过剩以及阶段性过剩等几种形式组成[46]。

结构性过剩也就是说尽管我国粮食总量不少，但结构性矛盾十分突出，优质品种供不应求，而大路货、品质差的品种供大于求。从当时我国的粮食生产情况来看，确有这种情况发生。我国粮食生产以稻谷、小麦、玉米三大品种为主。其中稻谷是第一大品种，其产量占粮食总产量的40%以上，全国以大米为主食的人口占60%，然而20世纪90年代我国稻谷90%是早稻，其中早籼稻占绝大部分，这在稻米中是比较一般的品种。尤其是其中的普通品种，由于品质不好，食用口感差，既不能用于工业生产，也不能做成饲料，更不能满足日益增长的居民生活食用要求。由于传统的惯性广大农民仍在大量种植这种品质的稻米，国家因为敞开收购却难以紧跟市场的需求而销售出去，造成早籼米库存大量积压的后果。作为我国粮食第二大品种的小麦情况与稻米相似，我国小麦产量占粮食总量的25%。长期以来，为解决众多人口的温饱问题，我国小麦的生产与科学研究一直在高产上做文章，却忽视了对品种的改良。尽管改革开放以来我国已经普遍开始注意对小麦品质的改良，但与发达国家相比，我国的小麦特别是商品小麦品质普遍较差，主要是因为现有绝大多数小麦品种的面筋强度低，面团流变学特性差，也就是所谓的"强筋不强、弱筋不弱"。因此，强筋粉的加工和高级食品原料的生产只能依赖进口小麦或与进口小麦相搭配，而低筋粉的生产则需要添加剂来改变面团的流变学特性，从而造成资源、工艺、经济方面的浪费[47]。也就是说我国小麦绝大部分品种是只适合加工成一般面粉的普通品种，适合加工成专用粉的优质小麦品种自给率仅为10%左右。玉米作为我国农业生产的第三大粮食品种，其产量与小麦接近，而其在品种和质量结构上也有一些问题。如种植结构错位，呈现北方种植、南方消费的局面，从而导致一系列的运输问题。因为北方玉米含水量高，造成烘干晾晒、收储运输、加工利用等各环节严重困难和产能浪费。再者，中国的玉米品种也存在着改良滞后等问题，这也是玉米结构性过剩的重要原因。

低水平过剩是指20世纪90年代末期中国人均占有原粮400公斤左右，其中直接消费的口粮如大米、面粉等折合原粮（稻谷、小麦等）人均约250公斤，体现出中国消费水平比较低、粮食转化和深加工能力比较薄弱的现状。而浅表性过剩是指由于粮价的持续偏低，人们的消费观念也随之改变，在"存粮不如存钱"的思想驱动下，人们一改原先储存粮食的习惯而形成随吃随买的风习，使得国家库存粮食表面增多的现象，此外还夹杂着一些地方政府和有关部门为体现政绩虚报粮产，一些国有粮食企业统计不及时而造成的库存账实不符的虚库现象等。此外，还有一种类型是阶段性过剩。也就是说粮食的数量和品质处于动态变化之中，此时多不等于彼时多，具有一定的阶段性。气候的变化、耕地面积的减少以及水资源的缺乏都将影响我国的粮食生产。因此，所谓的粮食增产或过剩都是一时或者表面的现象。

此时，粮食的增产、过剩以及价格下跌现象引起中央和各地政府的高度关注。人们普遍认为这与农业结构有很大关系，于是费了很大力气进行种植业结构调整，自然也取得了一定的成效，但是增产不增收的情况依然存在，农民收入问题已成为迈向21世纪之时中国农业亟待解决的重大问题。

二、农民收入：增产不增收与关注"三农"

农民纯收入取决于农业产出量、农产品价格、农产品的价格弹性、农业投入量、农业投入价格、农民非农收入、农民承担的税费和提留摊派、农民享受到的各种福利和转移性收入。20世纪90年代初期，中国正处于从计划经济或者双轨经济向市场经济转换的伟大历史变革过程中。这种转变促进了生产力的发展、资源的合理配置和经济的快速增长，这是毫无疑问的。但是改革中间也出现了一些问题。在农业方面，与粮食增产和价格低迷最大的关联就是农民增收问题。从1979年到1984年，中国农民的人均实际纯收入（扣除物价上涨因素）平均每年增长14.5%，是很高的。然而1985年后增长缓慢，1985年到1990年，农民的人均实际纯收入平均每年只增长1.0%，其中1985年的实际收入反而比上年减少7.4%。1991年农民实际收入增长2%，1992年的增长幅度提高到5.9%，但地区间差距扩大[48]。进入1992年之后，在国民经济新一轮高速增长和市场经济空前活跃的情况下，农民收入增长滞缓的情况并未出现明显的改观，反而种种不利于农业和农民的新情况和新问题凸显出来，其中包括农业贸易条件继续恶化，收购农产品"打白条"，农业资金外流，开发区圈占耕地以及农民负担加重等，再度引起人们的关注。从改革开放以来到20世纪末，中国农民的收入一波三折，经历了高增长到平稳滞缓的过程，不得不引起人们的深思。

在20世纪90年代，中国的农民收入经历了高增长与增长滞缓两个时期，体现出农民收入增长的不稳定性。经历了改革开放初期1978—1984年的高速增长与1985—1988年的增速缓慢阶段，1989—1991年中国农村居民的实际纯收入增长趋于徘徊停滞，农民实际人均纯收入年均增长1.8%。1992—1996年，在邓小平南方谈话的指引下，以及两次大幅度提高粮食收购价格的政策支持下，农业和农村经济出现恢复性增长的势头，农民实际纯收入再次快速增长，其中1996年增长速度达到8.9%。值得注意的是，这一时期农业生产收入比重降低了2.5%，非农业生产收入比重则上升了9.4%，说明在国家调整农产业结构的举措以及乡镇企业的异军突起对于农民收入中非农收入的增长有很大影响。1997—2000年，我国农村居民收入增长再次放慢。具体来说1997年的增长率为4.6%，1998年降为4.3%，1999年为3.8%，2000年为2.1%，四年年均增长3.7%。但是对比数据可以得知，在收入结构方面来自农业和非农业的生产收入所占比重已经大体相当，且自1997年开始农业生产给农民带来的纯收入下降[49]。从以上10年来的数字简况可以看出，中国农民收入增长在改革开放第二个10年以来进入徘徊阶段，具体来说就是存在着农民收入整体偏低、增长缓慢、收入来源构成不合理、城乡收入差距扩大、农民收入区域差距扩大以及农民收入个体差距扩大等现实情况。同时也能看出，农民收入增长或者减缓大致与国家的政策、粮食市场价格、生产结构、城市化以及农民负担等现实因素紧密相关。

在20世纪的最后10年，党和政府重点关注农民收入问题，也开始采取农业产业结构调整、价格补贴等多种措施来增加农民收入，并不断探索现代化农业目标的新型框架模式。在此历史与现实背景下，将农村、农民、农业联系起来进行整体探讨的"三农"思想逐渐酝酿而生。"三农"思想是中国改革开放以后党和政府、农村政策研究部门和学术界面对新情况，在长期改革实践和深入调查研究的基础上，对"三农"之间以及"三农"与国家宏观政策和宏观环境之间关系的认识不断深化的结果，是改革开放中的重要理论成果和集体智慧的结晶[50]。

注释

[1] 黄广明、李思德：《乡党委书记含泪上书 国务院领导动情批复》，《江苏农村经济》2000年第10期。

[2] 中央农村政策研究室农村调查办公室：《农村改革与农民——对一万余户农民的问卷调查》，《农业经济问题》1988年第8期。

[3] 冯明放：《土地制度改革中的适度规模经营问题》，《理论导刊》1988年第6期。

[4] 江苏省农村发展研究中心课题组：《对苏南农业适度规模经营的研究》，《农业经济问题》1992年第3期。

[5] 丁秋丹：《我国农地规模经营及其模式选择研究》，延安大学硕士学位论文，2014年。

[6] 江苏省农村发展研究中心课题组：《对苏南农业适度规模经营的研究》，《农业经济问题》1992年第3期。

[7] 邓小平：《邓小平文选·第三卷》，人民出版社1993年版，第355页。

[8]　喻国华：《扩大土地经营规模实践与讨论》，《农业技术经济》1995年第6期。

[9]　徐合颖：《建立土地流转机制是重新激活农村生产力的根本途径——安徽省阜阳市土地流转经营的调查与思考》，《中国农村经济》1997年第4期。

[10]　黄伟民：《国之力：新中国经济纪事》，浙江人民出版社1999年版，第156页。

[11]　中华人民共和国年鉴编辑部：《中国年鉴1996》，中国年鉴社1996年版，第300页。

[12]　张桐：《全国乡镇企业的发展成就及展望》，《经济研究参考》1996年第45期。

[13]　李京文：《中国乡镇企业发展成就与展望》，《江汉论坛》1995年第5期。

[14]　《关于表彰1000家全国最佳经济效益乡镇企业的决定（农企发〔1994〕38号）》，《中国乡镇企业会计》1994年第12期。

[15]　陆学艺：《三农论》，社会科学文献出版社2002年版，第353页。

[16]　布赫：《中国农村经济与农业法制建设》，中国农业出版社2002年版，第487页。

[17]　《中国轻工业年鉴》编辑部编：《中国轻工业年鉴》，中国轻工业出版社1996年版，第85页。

[18]　秦宏毅、王青山：《中国共产党对"三农"问题的历史探寻》，武汉出版社2004年版，第240页。

[19]　1966年国务院召开了第一次全国农业机械化会议，重新制订了我国农村工业发展规划，对农村工业的发展做了许多具体规定，如只有公社以上的单位才鼓励办小型钢铁、化肥、农业机械、水泥和能源（包括煤炭和水电）企业，即"五小"工业，并且对"五小"工业开办的审批条件、手续、设计方案、产品标准等都有相应规定。

[20]　1996年7月，国务院召开全国第四次环境保护会议。会议之后国务院颁布了《国务院关于环境保护若干问题的决定》（下称《决定》），其中一项

重大举措就是限期取缔、关闭和停产15种污染严重的小企业。《决定》发出后全国各省市都积极行动，环保局与工商、电力、公安、监察等部门协同作战，对15种小企业断水断电、拆除设备、吊销营业执照，全力以赴完成这项任务。1997年3月5日，国家环境保护局、农业部、国家计委、国家经贸委联合制定并公布了《关于加强乡镇企业环境保护工作的规定》，要求对年产5000吨以下的造纸厂，年产折牛皮三万张以下的制革厂和年产500吨以下的染料厂，以及采用坑式和萍乡炉炼焦、天地罐和敞开式炼硫、马槽炉炼铅锌、混汞法和土氰化法及溜槽选金、马蹄窑烧砖、土窑烧水泥的企业，由县级以上的人民政府责令取缔。对土法炼砷、炼汞、炼油、漂染、土法生产石棉制品、开采放射性矿产资源、利用放射性同位素的各类生产制品的企业，由县级以上人民政府责令其关闭或停产。（王娅：《关停"十五小"》，《环境教育》1997年第2期。）

[21] 杨晓光、樊杰：《20世纪90年代中国乡镇企业变革及其地方效应》，《地理学报》2008年第12期。

[22] 宝贡敏、陈祥槐、莫秀德：《乡镇企业的重组：理论、实践与创新》，《中国软科学》2003年第3期。

[23] 《关于京郊乡镇企业重组转制的调研》课题组：《关于京郊乡镇企业重组转制的调查报告》，《北京农业职业学院学报》2002年第1期。

[24] 曹利群、周立群：《回归农业：乡镇企业二次创业的路径选择》，《社会科学》2001年第5期。

[25] 《中共中央、国务院关于做好2001年农业和农村工作的意见》，《人民日报》2001年2月13日。

[26] 鲍有悌：《中国农业剩余劳动力转移研究报告》，《经济研究参考》1993年第6期。

[27] 徐杨：《农村工业化、城市化与农业剩余劳动力的转移》，《中国经济问题》1998年第6期。

[28] 熊学忠、刘建荣、方虹：《乡镇企业概论》，云南人民出版社1995年版，第16页。

[29] 上海社科院经济所发展室：《农业劳动力转移：一个跨世纪的历史难题》，《上海经济研究》1995年第12期。

[30] 陈廷煊：《建国以来农业剩余劳动力转移的历史进程和特点》，《当代中国史研究》1996年第1期。

[31] 张建军：《小城镇，圆了农民的梦》，《经济参考报》1995年8月26日。

[32] 宋金平、王恩儒：《中国农业剩余劳动力转移的模式与发展趋势》，《中国人口科学》2001年第6期。

[33] 曹克河：《农业产业化发展模式研究——以山东省泰安市为例》，山东农业大学硕士学位论文，2010年。

[34] 李占祥：《又见齐鲁赶新潮——山东省实施农业产业化战略纪实》，《农村工作通讯》1994年第3期。

[35] 夏安宁：《培育龙头企业是实现农业产业化的关键——安徽省农业产业化调查与思考》，《经济理论与经济管理》1997年第5期。

[36] 郑伯坤主编：《京郊农民远程教育研究》，中国农业大学出版社2009年版，第46页。

[37] 杜吟棠：《我国农民合作组织的历史和现状》，《经济研究参考》2002年第25期。

[38] 罗丹、陈洁等：《新常态时期的粮食安全战略》，上海远东出版社2016年版，第302页。

[39] 王清峰：《对农村产业结构优化调整的思考》，《学术交流》2001年第2期。

[40] 邓隽、易法海：《优化农村产业结构，促进农村经济增长》，《华中农业大学学报（社会科学版）》2000年第4期。

[41] 封进、钟甫宁：《农村产业结构调整与农村第三产业发展》，《安徽农业大学学报（社会科学版）》2000年第3期。

[42] 高莹：《论发展我国农村第三产业》，《辽宁大学学报（哲学社会科学版）》1994年第4期。

[43] 韩俊、姜长云：《中国农村经济结构的变革与国民经济发展：回顾、评价与思考》，《经济研究参考》1999年第88期。

[44] 郜峻岭：《农村第三产业发展的约束与潜力》，《市场经济导报》1997年第7期。

[45] 尹光红、田中玉：《当前我国粮食若干问题的分析和探讨》，《农业信息探索》2000年第4期。

[46] 蒋健安：《辩证地看待我国粮食过剩问题》，《中国粮食经济》2000年第8期。

[47] 郭天财：《试论中国的小麦生产与国家粮食安全》，载王连铮主编：《农业科技创新与生产现代化学术研讨会论文集》，中国农业科学技术出版社2002年版，第111—116页。

[48] 朱希刚：《提高农民收入的政策思考》，《农业技术经济》1993年第4期。

[49] 祒海霞：《中国农民收入问题研究》，东北农业大学硕士学位论文，2001年。

[50] 贾俊民、葛文光：《关于三农概念与三农问题提法的考察》，《中国农村观察》2013年第5期。

锲而不舍，砥砺前行

工业反哺农业与向现代农业迈进

（2002—2011）

［第三章］

2005年仲夏时节，一组农村问题调研员队伍在陕西关中平原农村调研。郁郁葱葱的玉米在微风中摇曳，套着纸袋的苹果压弯了树梢，绿里透红的秦椒挤满了枝条。烈日炎炎，田地里到处是干活的农民，有的浇地，有的施肥，有的给棉花打杈。几天来，调研组下川上塬、走村串户，了解取消农业税后乡镇机构改革和"三农"情况。在乡镇机关，与基层领导话改革，谈职能转变；在事业站所，与工作人员说服务，聊技术；在农民家里，围坐在炕边拉家常，摆农事；在田间地头，与农民边干活边议粮价，谈直补。一路所见，不论是干部还是农民，不论是老人还是娃娃，脸上无不挂着开心的微笑，争着向我们讲述取消农业税和粮食实行直补带来的好处，纷纷表示："农业税取消了，农民一定把粮食种得更好。"——乡镇干部如是说。"政府不收税，反而给补贴，这粮食有种头了！"——农民纷纷表示。[1]

2004年9月十六届四中全会提出"在工业化达到相当程度以后，工业反哺农业、城市支持农村，以实现工业与农业、城市与农村协调发展"[2]的方针。当年年底的中央经济工作会议明确了我国总体上已经到了"以工促农、以城带乡"的发展阶段。在2002—2011年的10年时间里，国家开始逐渐从工业和城市经济体制改革转向对"三农"问题的关注，在农业税费改革、完善农田水利基本建设、农业科技创新、推进农业产业化、完善农产品流通体系等方面做出了一定的成绩。

第一节

农业税费制度改革，各项服务不断完善

　　我国自古以农立国，农业是社会各项经济支撑的重要来源，在历史时期很早就形成征收农业税的制度和政策，在21世纪到来之前，国家依靠着"农业哺育工业"的经济思想，使我国的工业化在较短的时间内达到了一定的水平，但同时也给广大农民和农业造成了沉重的负担。2002年以来国家开始决心改革农业税费制度，减轻农民负担，加大农业投入，于是一场轰轰烈烈的"农业税费改革"开始了。

一、中国农业税的历史演进与积极作用

　　农业税古时称"田赋"，亦有"田租"或"田税"之称，是中国古代朝廷以土地为对象所征的税。中国历史上最初的农业税是被称作"贡"的实物贡献形式，这种形式萌发于原始氏族共同体内部，是原始社会生产力发展的结果。在古代文献中"贡"较早的解释是《说文解字》中的"贡，献功也"，孔安国注《尚

书》时云"从下献上之称，谓以所出之谷，市其土地所生异物，献其所有"，《国语·鲁语下》曰"社而赋事，蒸而献功"。在人类文明早期阶段，"贡"的本义是指人们用劳动所获奉祭神明，祈祷来年丰收，渴求未来生活安康，这是最早的从土地所出贡献给神明或氏族管理者的最初形式。这种比较原始的由社群基层民众在特殊时日贡献一定的实物给氏族或宗教领导者的情况，这可以说是较早的生产税形式。他们是自愿的而不是强制性的，只是源于在劳动有了剩余之后，氏族成员质朴而虔诚的对于本氏族社会和宗教的尊重。这体现出部落的向心力和凝聚力，也显示出此时的"贡"虽然并无赋税性质，但却有强权的象征，公共权力的高级形态也开始萌芽。这些都是原始氏族公社早期的情况。

到了原始氏族公社晚期，劳动生产率有了很大提高，私有制的发展致使个体家庭从氏族公社中破门而出，血缘关系为地域关系所取代，公共权力的强化以及公共事务管理的专门化和专业化导致原始氏族的首领最先脱离生产劳动而专职于社会管理活动。此时就需要全民定时定量地奉献更多的财物给社会管理阶层，此时之"贡"则从之前的自愿贡献逐渐转变为具有强制意义的"以下献上"的贡献形式，范围也扩大到土地上的一切生产物，深刻反映了国家形成初期国家与劳动者个人的经济关系，实质上已经具有"农业税"的初步形态，即以土地所产为主的赋税。我国早期文献中保留了大量与此有关的记载，如"禹合诸侯于涂山，执玉帛者万国"[3]，又如"昔夏之方有德也，远方图物，贡金九牧"[4]，"禹乃行，相地宜所有以贡，及山川之便利"[5]，虽然此处之"贡"是各个军事集团首领向军事联盟首领"禹王"的实物贡献，但在每个军事集团内部当然还是由氏族成员也就是基层民众，首先将自己的土地所得贡献给集团首领也就是各个"诸侯"，这体现了中华文明形成早期公共权力体系正在逐渐形成，"贡"在"供奉关系"的掩盖下将公共权力和经济收入有效结合起来的历史事实，也是中国古代农业税的最初形态。

虽然当时已经有了将土地所产贡献给高一级"统治阶层"的形式，但我国古代社会真正的农业税的形成更有赖于成熟的土地制度的最终确立。因为只有在阶级社会，以私有制的土地分配制度为依据，具有田赋性质的贡税才能真正获得常规性的运作，成为一项有各类政治、经济、社会运行法则支持的制度性征收形式。《尚书》中的《禹贡》篇写到，"禹别九州，随山浚川，任土作贡"，汉代大儒孔安国为其作注时解释为，"任其土地所有，定期贡赋之差"，说明古代学者也一致认为在铜石并用时代的"大禹时期"已经有了分定土地等级的贡赋制度，这就是为后人所追忆称道的"九州贡法"。这一著名古代贡赋制度的核心乃是"五服制度"，也就是说按照土地肥瘠分高低，按地势高低分上下，按投入产出多少，按地理位置分远近，按声教影响分亲疏，将土地赋税以远近高下等差别形式出现，体现出贡赋制度设置初期统治阶层"因地制宜"的朴素原则。总之，这说明了在农业生产发展的基础上，以土地产出或收入向转换中的公共权力作定量的贡纳，揭开了后世田赋制度的先河，更有学者评价道："'任土作贡'把从下献上出于土的贡和自上税下出于田的赋相结合，成为我国田赋滥觞，并为早期赋税制度奠定了基础。"[6]因此我们可知尽管"任土作贡"在形式上有贡纳方物给军事共主的性质，但实际上的制度支撑应该是以土地为课征对象、分等级的农业税雏形。此后在农村公社向国家形态过渡完成之后，贡赋制度也逐渐成为地租与田税合一的形式，同时其内涵也转变为农民个体与国家之间的经济关系。虽然贡赋制度在奴隶制社会和中央集权社会中的组成还有其他多种经济形态，如反映天下共主与诸侯各国、边远部落以及各级奴隶主经济关系的进献性质的土贡，还有劳动者以劳役形式提供的常贡，再如反映国王与各级领主的经济关系、具有军赋性质的贡等，但总的来说，以土地分配为依据、具有田赋性质的"贡"仍然是"贡"之主导，也成为中国两千年中央集权社会超稳定结构的重要经济支撑。

尽管如此，夏商周三代的田赋主要形式还是劳役地租，先秦著名政论著作《孟子·滕文公章句上》中写道："夏后氏五十而贡，殷人七十而助，周人百亩而彻，其实皆什一也。……方里而井，井九百亩，其中为公田，八家皆私百亩，同养公田，公事毕然后敢治私事，所以别野人也。"西周的井田制就是劳役地租的典型代表。春秋战国时期开启固定收取实物地租之先河，鲁国的"初税亩"、秦国的"初租禾"等都是其中较典型的收取实物地租的诸侯国农业税政策。此后秦朝的"收泰半之赋"、汉代早期的"什五而税一"、唐代的租庸调及两税法、明代张居正推行的"一条鞭法"、清代的"摊丁入亩"等都在一步步改进中央集权社会的农业税制度，但是不可忽视的是，在古代的一些时期广大的个体耕种者的田税负担也是相当沉重的，这主要是战乱、统治阶级腐化等非常时期，这一历史惯性一直延续到中华民国成立后的近现代时期，这些就是为广大民众所熟知的"苛捐杂税"。如1930年河南商城田赋附加税与正税比率为600%；1933年，江苏省各县农业附加税超过正税26倍；甚至还有些地方预征田赋，如四川一些地区1931年就将田赋预征到1961年[7]。可以想见在战乱频仍、政权分割的民国时期，广大农民的经济负担确实非常沉重。

中国共产党在领导新民主主义革命时期，从革命根据地开始，到后期的各个解放区，对于农业税赋制度进行的有益的改革尝试。革命根据地的农业税称为"土地税"或"公粮"，开征较早的有井冈山革命根据地、海陆丰革命根据地和琼崖革命根据地等。1928年开始在井冈山宁冈征收20%的土地税，成为中国人民新型税收的起点。当时根据在根据地颁布的《井冈山土地法》规定，土地税依照生产情况分为3种，即15%、10%和

5%，以第一种为主要征收方式。遇到特殊情况经高级苏维埃政府批准，第二、第三种可以分别酌情使用[8]。为了配合土地革命，同时对农业税制度进行改革。各个根据地在没收地主土地之后，农民缴纳的农业税最高限度不得超过农产品的15%。抗日战争时期中国共产党领导的各个敌后抗日根据地，实行减租减息政策，不管是地主、富农，还是中农、贫农都要缴纳农业税，征缴额度平均不能超过农业收入的20%。解放战争时期，各个解放区实行土地改革，规定农民缴纳的农业税最高不得超过地区平均农业收入的20%。

1949年中华人民共和国成立之后的初期阶段，全国范围内（除台湾和西藏改革以前）实行两种农业税征收制度。一种是在老解放区继续沿用的解放战争时期各自制定的农业税征收制度，最高税率不超过全区平均农业总收入的20%。另一种是在新解放区实行的农业税征收制度。这些地区在进行土地改革之前，根据中央人民政府政务院1950年9月颁布的《新解放区农业税暂行条例》规定，农业税实行全额累进税制，税率分为40级。第一级为全家平均每人每年收入151斤～190斤的家庭，所缴纳的农业税为3%；第四十级为全家平均每人每年收入341斤以上的家庭，税率高达42%；对于收入在20万斤以上的大地主，各省人民政府可另行规定征收额，包括地方附加税在内最多不得超过农业收入的80%。可以看出这是一项保护贫苦农民的赋税征收政策。直到1952年，新解放区完成土地改革后地主阶级的土地所有制被消灭，富农经济被削弱，土地占有悬殊降低之后，为了适应当时的社会经济变化，中央人民政府政务院对《新解放区农业税暂行条例》做出重要修改，将差度较小的全额累进制的税率分为24级，第一级为全家平均每人每年收入150～200斤的家庭，税率为7%；第二十四级为全家平均每人每年收入在1950斤以上的家庭，税率为30%。1953年全国税制变革之时，国家结合农村经济发展需要，修订实施了《西北解放区农业税暂行条例》。

1958年6月，第一届全国人民代表大会常务委员会第九十六次会议通过了《中华人民共和国农业税条例》，这是我国第一部农业税收法律制度。该条例对纳税人、征税范围、农业收入的计算、税率、优惠减免及征收管理等做出了明确规定，并授权省、自治区、直辖市人民委员会根据各地具体情况确定农业税实施办法。同时国务院还颁布了《关于各省、自治区、直辖市农业税平均税率的规定》，条例规定的农业税税率有两种，一种是全国实行统一的比例税率，即按照农业的常年产量平均征收的税率为15.5%；另一种是根据不同地方经济情况实行纳税人的适用税率以及地方附加税，但最后税率不得超过常年产量的25%。在这一制度政策指导下，如遇灾年或者国民经济出现严重困难时，农业税的税率都会相应地降低。如1961年各地农业税税率大幅度降低为10.6%～11%，减轻了农民负担。直到1973年税制改革时，我国农业税基本上保持着相对稳定的状态。因此从1965年到1977年，我国农业税征收总额基本保持稳定，伴随着农村人口的逐渐增长（共增长31.6%），农业税实际负担率逐渐降低。据统计，1958年，农民人均年负担农业税41公斤[9]，1978年下降到15公斤，1958年农业税实际负担率为12.5%，1978年降到4.4%，可以说增产不增税的农业税费政策对于稳定农民的负担、提高农民的生活水平起到至关重要的作用。但需要注意的是，1958年到1978年的20年间，农业税核算单位是生产队集体，这个时期的农村税费制度和税收比例统一，粮食等农副产品的征收数量也是确定的。

1983年11月，国务院制定颁发了《关于对农林特产收入征收农业税的若干规定》，农业税的征收范围又扩大到农林特产。1985年11月，在进行农村经济体制改革后的第六个年头，国务院批转了财政部《关于农业税改为按粮食"倒三七"比例折征代金问题的请求》，并发出通知予以执行，从此农业税由原先的"交公粮"为主改为"折征代金"，并由乡政府组织征收，这是农业税由实物税向货币税的开始和过渡，这实际上也是由当时广大农村乡镇企业兴起使得农民收入增加的经济情况决定的。1994年起中国开始实行新的税制改革，国务院发布了《国务院关于对农业特产收入征收农业税的规定》，同时废止了1983年实行的《关于对农林特产收入征收农业税的若干规定》，使得农业特产税逐渐从农业税中分离出来，积极保护了农林特产副业生产。

二、21世纪以来中国取消农业税的过程

由上可知，中国的农业税是历史的产物，在各个历史时期总体来说都发挥了一定的积极作用，如刺激农业生产和促进国家政权的稳固，尤其是在1949年以来由于国家政策的持久与相对恒定，农业税的征收对于广大社会主义农村农业发展曾经起到积极的历史作用。20世纪80年代中期以后，受市场因素影响，农民收入增速渐趋缓慢。由于受到部门利益的驱动，一些地方认为实行家庭联产承包责任制以后以及乡镇企业异军突起以来，农民富裕了，有闲钱了，于是过高地估计了农民的承受能力，农村乱收费、乱摊派、乱集资等问题不断凸显。一些地方财务秩序混乱，基层干部冗员，监督管理松懈，违法乱纪现象时有发生，这些都是农民负担过重的实质社会现象表现。根据统计，从1983年到1988年5年间，农民负担总水平年均增长9.7%[10]。

此外，20世纪90年代"三提五统"正式形成并进一步逐渐膨胀，由此增加了农民的沉重负担。所谓"三提"，是指村办集体经济应该提留的公积金、公益金和管理费；"五统"则是指乡政府的五项统筹款，用于解决乡村两级办学、优抚、计划生育、民兵训练和乡村道路修建五方面的开支。"三提五统"制度是家庭联产承包责任制在中国农村普遍推行后，在结合与继承人民公社

体制农户缴纳的各种提留（公积金、公益金和管理费）等基础之上于20世纪90年代形成的乡村公共分配制度。

1983年国家决定撤销人民公社制度，建立乡镇政府。由于当时客观条件所限以及财政困难，国家一时没有足够的财力来支援乡镇政府建设，预算拨给乡镇的资金也只能满足它们实现基本职能所需的一部分，因此很大一部分职能需要只能由基层政府自行筹措资金来解决。当时各项公共事业制度还未健全，乡镇范围内的部分公共事业以及村级全部公共事业的性质基本上都属于制度外的公共产品，国家无力支付，在这种情况下就不得不在农村的公共分配制度上采取一些变通措施。因此除了人民公社时期遗留的各种提留形式，又逐渐增加了以农村公益事业为名的"一事一议"的征收方式。同时由于人民公社刚刚撤销，财政机构一时难以建立，于是收取各项收费工作就落在了有关部门头上，由各个与农业农村相关的部门和行政单位自收、自支、自管，这就是20世纪90年代主要施行的"乡统筹，村提留"的农村公共分配制度。不可否认的是，统筹提留制度是当时特殊背景下的产物，它的产生有一定的积极意义，曾经为改革开放初期的农村建设和集体经济发展做出相当大的贡献。

从20世纪90年代开始，国家开始重视农村"三乱"和农民负担问题，一系列政策文件、法律法规相继出台，对于推动农业税政策变革起到了一定的作用，表明了国家给农民减负的决心。如

1990年2月，国务院下发《关于切实减轻农民负担的通知》，其中明确规定农民合理负担的项目（包括村提留、乡统筹费、义务工和积累工）、适用范围以及负担比例，要求将村提留和乡统筹费控制在5%以内。1991年12月国务院又颁布《农民承担费用和劳务管理条例》，首次界定了农民负担，规范村提留、乡统筹等费用的比例与数量以及相应的奖惩措施。此后1993年通过的《中华人民共和国农业法》、中共中央和国务院下发的《关于切实减轻农民负担的紧急通知》以及1996年12月颁布的《关于切实做好减轻农民负担工作的决定》，还有1998年10月党的十五届三中全会通过的《中共中央关于农业和农村若干重大问题的决定》的重要文件政策都将"减轻农民负担，改革税费制度"作为农业和农村工作的重要与核心精神，也起到了一定的作用。同时在这一阶段，全国很多地方都根据自己的实际情况，在一些试点多角度、多模式地开展了农村税费改革，先后至少有7个省的50多个县进行过类似改革。这些早期的改革形式主要有"税费合一""费改税""大包干""公粮制"等模式，即在现有的税费体制下通过正税明费，控制税费负担的总量，达到减轻农民负担、提高税费征收透明度、促进农村社会公益事业的发展的目的。但是由于这些改革的实行是在现行利益结构和利益格局不能被打破的前提下，也就是说除了上缴国家的相关税收，基层政府和乡村集体的"需求"必须得到保证。在这种条件下改革其实都没有触及"农业税"的制度性以及根源性问题。因此当时的实际情况就是：农民虽然富裕了，有余粮了，但是需缴纳的各项税费也多了。2000年，在基层工作已有17年、时年37岁、任湖北省监利县棋盘乡党委书记的经济学硕士李昌平怀抱着对于基层农村社会的深刻了解和忧思，写了一封长信诉说农村、农民、农业的种种艰难与危机，并提出取消农业税等主张。这封来自基层干部的长信引起中央对于"三农"问题的关注，也使国家下决心开始进行取消农业税的改革。

2000年中央7号文件《中共中央、国务院关于进行农村税费改革试点工作的通知》对农村税费改革的指导思想、基本原则、主要内容和配套措施等都做了详细的规定，提出"贯彻党的十五大和十五届三中全会精神，根据社会主义市场经济发展和推进农村民主法制建设的要求，规范农村税费制度，从根本上治理对农民的各种乱收费，切实减轻农民负担，进一步巩固农村基层政权，促进农村经济健康发展和农村社会长期稳定"[11]，拉开了中央指导地方试点进行税费改革的序幕。

此次农村税费改革试点的主要内容可以概括为"三取消、两调整、一改革"。"三取消"是指取消乡统筹费、农村教育集资等专门面向农民征收的行政事业性收费和政府性基金、集资；取消屠宰税；取消统一规定的劳动积累工和义务工。"两调整"一是指调整农业税政策，规定常年产量以1998年前5年农作物的平均产量确定，并将原农业税附加并入新的农业税，新的农业税实行差别税率，最高不超过7%；二是指调整农业特产税政策。
"一改革"就是改革村提留征收使用办法，即"村干部报酬、
五保户供养、办公经费，除原由集体经营收入开支的仍继续保
留外，凡由农民上缴村提留开支的，采用新的农业税附加方式统
一收取。农业税附加比例最高不超过农业税正税的百分之二十，
具体附加比例由省级和省级以下政府逐级核定"。此次试点工作
还确定了安徽省在全省范围内进行农村税费改革。自2000年2月
开始安徽省根据自身实际情况调整了农业税和农业特产税征收政
策，取消了"两工"、屠宰税及与屠宰税相关的收费项目，改革
了村提留征收使用办法，明确了"三提五统"等"尾欠"的政策
界限和有关办法。改革后效果显著，但也出现了一些问题。如原
有资金供给渠道切断后，乡村两级经费缺口较大、乡村日常运转
难以为继，农业税、农业特产税税率偏高、征收困难、配套改革
不到位等。由于这些问题2001年国务院又下发了《国务院关于进
一步做好农村税费改革试点工作的通知》，进一步完善了上年中
央7号文件的相关政策，提出一些新的配套政策，"改革和精简
机构，压缩人员，节减开支，转变乡镇政府职能""加大中央和
省两级财政转移支付力度""严格规范农业税征收管理，促进农
业税收征管的法制化""建立健全村级'一事一议'的筹资筹劳
管理制度""妥善处理乡村不良债务""建立有效的农民负担监
督管理机制"。

　　江苏作为我国东部的发达地区，也是农业税费改革较早的省份。2000年根据中央7号文件的部署和要求，江苏省开始在本省的4个县率先进行改革。次年江苏者制定了《关于农业税费改革工作的实施意见》，开始了全省范围内的试点改革工作，取得了一定的成效。2002年3月，国务院下发《关于做好2002年扩大农村税费改革试点工作的通知》，决定将吉林、河北、内蒙古、黑龙江、宁夏、重庆等16个省、自治区、直辖市纳入改革试点，要求坚持"减轻、规范、稳定"的基本原则，按照"三个确保"的目标，配套推进农村义务教育、乡镇机构和政府公共支出等改革。此时，以省为单位的农村税费改革试点范围已经扩大到20个省（市、自治区），其他省份也在部分县市开展试点工作，大约三年时间内取得了可喜的成绩：试点地区农村负担得到明显减轻；同时也大大减轻了征税难度和基层干部的工作量，征缴效率明显提高；由于税费改革减轻了负担，农民的劳动积极性也有所提高，大大增强了农业的发展后劲。

　　2003年11月，中共中央经济工作会议强调要"加强农业基础地位""始终重视增加农民特别是种粮农民的收入"[12]，进一步深化农村税费改革，切实减轻农民负担。2004年年初，中央1号文件《中共中央、国务院关于促进农民增加收入若干政策的意见》颁发。暌违多年，中央1号文件再次以农业和农村问题为主题，这表明了新形势下解决"三农"问题成为全党工作的重中之重。同年3月，2004年的《政府工作报告》指出："从今年起，要逐步降低农业税税率，平均每年要降低一个百分点以上，五年内取消农业税。"同年7月，国务院下发《关于做好2004年深化农村税费改革试点工作的通知》，对取消农业税试点工作进行了全面部署。这一系列的政策文件以及政府承诺显示了中央政府开始了全国范围内的"取消农业税"计划和攻坚战。

按照"五年内取消农业税"的整体部署，2004年在黑龙江、吉林两省进行免征农业税改革试点，河北、内蒙古、辽宁、江苏、安徽、江西、山东、河南、湖南、湖北、四川11个粮食主产区的农业税税率降低3个百分点，其余省份降低1个百分点；同时农业附加税随正税同步降低或取消。文件还规定一些地方可以根据本地的实际财力状况，自主决定多降低税率或者进行免征试点；征收牧业税的地区可以按照本省区减免农业税的步骤和要求，同步减免牧业税；同时规定，要全面落实取消烟叶以外的农业特产税政策。农业税计税土地上生产的农业特产品，统一按调整后的农业税税率征收农业税，实施免征农业税试点的地区不再改征农业税；非农业税计税土地上生产的农业特产品，不再征收农业特产税，也不改征农业税。从2004年开始的"取消农业税"计划，是农村税费改革的延续，更是进一步深化。经过不懈的努力，2005年12月，第十届全国人民代表大会常务委员会第十九次会议决定："第一届全国人民代表大会常务委员会第九十六次会议于1958年6月3日通过的《中华人民共和国农业税条例》自2006年1月1日起废止。"[13]自此在中国历史中延续了几千年的农业税退出历史舞台，这是一次具有划时代意义的历史事件。

三、"后农业税时代"的影响、问题与应对

取消农业税是改革开放以来中国共产党领导各级政府和人民进行生产关系调整的又一次伟大创举，它的影响是十分深远的，具有推动农村社会进步、减轻劳动者负担和促进产业发展的积极效应，具体来说对于发展现代农业，激发农民进行农业生产和投入的积极性大有裨益；同时也有利于培育新型农民，提高他们的自身素质与市场意识；此外，农业税的取消无形剥离了基层政府不规范权力的又一倚仗，干部的行政行为将会得到规范，对于缓解基层干群关系有一定的积极意义。当然，农业税的取消对于消灭城乡差距、土地流转以及增加农民收入等方面都具有重大的推动作用。

但是也要认识到，自从取消农业税之后，我国就进入"后农业税时代"，由于相关的税制体系配套改革并没有及时跟进，造成了农业税收管理的"真空现象"。这一现象所引发的现实问题亦不容忽视，从大的方面来说，农业税收真空造成了税收财政职能缺位、削弱税收经济职能等现象。由于农业税的取消，一些农村工作的实际困难也逐渐出现。

农业税的取消对于县乡村等组织运转都有一定的影响，形成了新的紧张局面，但也意味着更进一步改革与变局的继续生成。

取消农业税之前各地乡镇财政常规收入一般由三个部分组成：一是财政局收取的农业税费部分，以农业税为主体；二是地税收入，包括地方工商税收和企业所得税、个人所得税等，三是国税收入（增值税）留存部分，一般占国税收入的1/4[14]。以农业为主的地区，全面减免农业税以后，会对乡镇财政造成影响。1994年实行了分税制，乡镇财政收入减少。农业税的全面取消使得不少县乡财政面临着赤字的压力，这是当时实际存在的问题。至于县乡之间的关系，由于乡镇政府是最低一级的正式基层政府，事权和财权十分薄弱，取消农业税之后财政来源被削减了一些。因此，这一级单位都不得不面临和正视自身的一些问题。例如当时我国几乎所有乡镇都存在机构臃肿、人员膨胀等问题，在乡镇政府维持机构运转和人员工资费用急剧增加与农业税这一收入来源锐减的冲突下，全国不少乡镇纷纷实行了以精简人员为主的乡镇政府改革。截至2004年底，山东全省乡镇行政编制减少18884人，精简20.7%；事业编制减少120587人，精简15.5%[15]。2003年至2006年，宁夏通过行政区划调整，实行撤乡并镇，将自治区314个乡镇合并为188个，精简机构40%，精简乡镇工作人员5000人，精简比例达到20%，每年可节约人员、办公、福利支出9000万元[16]……随着农村税费改革，几乎全国大部分地区都进行了乡镇人员的精简活动，对于行政办公开支的减少起到积极作用。但是，取消农业税以来乡镇政府遇到的新问题并不是仅仅精简机构、减少冗员就可以解决的，基层政府由于工作重心发生了变化，迫切要求自身职能也发生转变。2006年9月1日，全国农村综合改革工作会议强调指出，要"以转变政府职能为重点，推进乡镇机构改革"；2006年，国务院《关于做好农村综合改革工作有关问题的通知》提出要力争在"十一五"期间或用更长一些时间基本完成乡镇机构改革任务；2006年及2007年的两个中央1号文件也要求各地适时推进乡镇机构改革。

实际上，在取消农业税以后大部分农村都出现了公共产品建设用工投入不足和农村基层组织管理能力弱化、农村公共产品供给不足等新的特征。这其实正是取消农业税以来乡镇机构职能转变所面临的重点任务。随后，农村综合改革开启。

第二节

加强农田水利建设，推进农业科技创新

2006年，我国完成了农业税的全面减免任务。虽然存在一些问题，但是这一举措的重大意义是不言而喻的，从此农民负担轻了，基层政府也将转变职能，将原先征收农业税的这部分行政事务转变为农业公共事业服务。其中农田水利基本建设以及农业科技的创新成为税费改革后农业工作任务的重点内容。

一、农田水利基本建设

2011年的中央1号文件指出："水利是现代农业建设不可或缺的首要条件，是经济社会发展不可替代的基础支撑，是生态环境改善不可分割的保障系统。"[17]由于中国是一个人多地少、水旱灾害频繁的国家，也是典型的灌溉型农业国家。要想走现代化集约高产农业的道路，就必须解除干旱这一严重阻碍我国农业发展的重要威胁。因此加强农田水利建设，是提高农业防御自然灾害能力、提升农业综合生产能力的基本要求，更是保障国家粮食安

全的需要。我国一直将农田水利建设作为农业基础建设的重要内容，特别是新世纪以来，党和国家在发布文件、制定政策、组织管理、筹措资金、保障重点等方面均做出了重要的努力。

重视农田水利基础设施建设是中国共产党领导农业建设的一条重要经验。新世纪以来，中央1号文件以及重要的农业工作会议决定中，多有对农田水利基础设施建设的重要性强调和具体部署。例如2011年中央1号文件《中共中央、国务院关于加快水利改革发展的决定》指出"把农田水利作为农村基础设施建设的重点任务"，由此说明这一项任务的重要性和突出性。

文件精神是农田水利建设的基本保障。在具体指导中，已经逐渐形成了"政府主导""市场参与""农民自筹"与"社会介入"等实施原则，将政府、市场、民众的力量结合起来并进行有效分工，使得各个主体明确了自身在农田水利建设中的根本任务，方能有效协调，起到事半功倍的作用。

"政府主导"是说农田水利这样一项以公益性为主的系统工程，需要充分利用政府的行政组织力量，并承担其中的主导责任，才能有效地组织各方力量进行集体的建设活动。其中政府居于其中的主要作用就是建设规划、公共财政投入与支持、项目的扶持，以及采取民主的组织方式，同时制定相关的激励政策，提供优惠条件，充分调动社会各界的积极性，引导社会力量积极参与和支持农田水利基础设施建设。

新世纪以来由于党和政府的重视和各地农业生产的实际需要，各个省区都充分显示出"政府主导"的基本职能。如山西省在积极探索新的投入机制方面做出一定的成绩，采取了一些举措：如对重点工程项目主要争取国家的投资建设，对一些面上的小型工程则通过优惠政策、灵活机制、资金扶持、技术服务、流通服务、耐心细致的思想工作来引导农民搞好农田水利基本建设；并通过大力扶持培育民营大户和专业队的形式进行专业性的水利建设引导；此外，还积极推行工程项目"四制"管理以及落实工程管护主体等方式，使得农业水利工程建设提高了建设质量和效益。安徽省则根据本省的自然地理环境，在全面推进小型水利工程产权制度改革方面取得突出成绩。因为安徽有艰巨的治淮任务，同时还有农业税试点的压力，因此将重点放在抓好治淮骨干工程和水库除险加固、乡镇供水和农村饮水安全、灌区节水改造和水土保持等工程建设方面。江西在农村税费改革期间，在常规的水利建设任务以外，最重要的是建立财政支农的稳定增长机制，实行以奖代补、民办公助等引导政策，吸引民间资金支持农村水利建设。其余如山东省"计划投资70亿元"、河南省"因地制宜抓重点"、福建省"五年实行'六千'水利工程"等举措都获得了实在的效果[18]。这些都是显示新世纪以来农田水利基本建设中"政府主导"职能的极好案例。

"市场参与"是考虑到农田水利属于准公共物品，其特点是受益范围明确，消费具有排他性，对这类公共物品通常可采取"谁投资，谁受益""谁受益，谁付费"的市场化原则供给[19]。家庭联产承包责任制的实施使农民收入水平和收入结构发生了分化，并由此造成了农户对公共物品需求的巨大差异，为农村社区公共物品收益及消费排他性的产生提供了基础，从而使得公共物品的私人供给成为可能。另外，改革开放以来的市场机制背景使得发挥市场配置资源优势也具有了一定的经济支撑与观念的支持。国家提出"市场参与"这一号召是根据2002年以来农村税费改革对农村公共事业的影响而设定的，但20世纪80年代以来我国的农田水利建设改革总体上已经有向市场化推进的趋势。其主要包括三方面内容：一是将水利工程单位进行企业化改制，与隶属的事业单位脱钩；二是推动农田水利收费制度改革；三是通过租赁、承包、拍卖等方式变更水利设施的产权或使用权，以此来盘活水利资产，缓和水利经费的紧张局面[20]。

总体来说，长期以来我国的农田水利建设投入是由政府和农民共同负担的。政府负担部分通过财政预算和专项拨款实现（制度内财政），农民负担部分主要来源于乡统筹村提留、"两工"（制度外投资）。农业税费改革虽然大大减轻了农民负担，但是原来以此为重要筹资筹劳渠道的农田水利基础设施建设同时也面临着一定的困境，"一事一议"难以作为动员农民进行水利建设的有效制度[21]。在这样的背景下，农田水利基本建设面临着自治化和市场化的发展方向。

2003年，水利部颁布了《小型农业水利工程管理体制改革实施意见》，明确了农村小型水利工程市场化改革的目标、原则和程序，通过明晰小型水利工程的所有权，进一步转换工程运行机制，吸引更多的社会力量投资经营小型水利工程，以此来弥补基层政府对农田水利建设投入的不足。小型农田水利设施通常是指灌溉面积在1万亩以下、除涝面积在3万亩以下、渠道流量在1立方米以下的农田水利设施，大体上可以归纳为以下几类：小水库、塘坝、水池、水窖等蓄水设施；小型拦河闸坝、饮水闸、截潜流等引水设施；渠道、管道、闸门等输水配水设施；渡槽、隧洞、倒吸虹、桥涵等渠系建筑物；泵站、机井等提水设施；灌水沟渠、喷灌、滴灌、"小白龙"、闸阀等田间灌水设施；保护村镇、农田的小型圩堤，小型河道堤防等防洪设施；排水闸、排涝泵站、排水沟、地下暗管等排涝除渍设施等。据2006年的数据统计，当时我国的小型农村水利工程总共约有2000万处[22]。在进行农业税费改革之前中国已经有一些省份和地区开始采用市场和产业化的路径对小型水利工程实行市场化机制改革。如山东省肥城市在进行小型农田水利产权制度改革中，积极搞活经营权，放开建设权，在具体运作上，采用以下模式：（1）集体农田水利设施的承包（租赁）经营；（2）集体农田水利设施经营权（使用权）拍卖；（3）个人（单户）或合伙（联户）投资办水利；

（4）组建水利公司投资办水利等。以上这些模式的使用基本上是因为旧的农田水利产权制度缺乏效率，改革的实质是明晰产权，理顺产权关系。实践证明，小型农田水利设施具有较强的"私人物品"特性，小农水完全可以由"私人"组织（农户或企业）兴办和经营。因此，小型农田水利产权制度改革的成功说明中国的农田水利事业可以走上市场化、企业化、产业化的发展道路[23]。虽然由于小型农田水利各项不同工程盈利能力的不同，市场化的程度也不同，甚至有一些陷入市场失灵的困境[24]，但是政府可以补位来为市场保驾护航，因此小型农田水利工程的建设可将"市场参与"作为重要的理论进行探讨与实践研究。随着市场经济的发展，经过多年的探索，2010年中央1号文件对水利设施建设正式发出了"市场参与"的号召，指出农田水利基础设施建设中对于经营性的水利设施项目可以进行市场融资，并号召各地充分运用市场机制优化配置水利基础设施的使用，其实质也是想提高各种社会力量投入农田水利基础设施建设的积极性。

"市场参与"在农田水利基本建设中经常陷入"市场失灵"和"政府缺位"的困难境地，这是由这一"准公共物品"的自然属性制约卖方的经营活动、农户的合作能力制约买方共同体的形成、中介缺失制约了市场交易的达成等我国当时市场经济存在着的一些问题所造成的。但是作为与农业紧密相关的基础设施建设，小型水利建设一直备受广大农民关注，中国农业"靠天吃饭"的根本特征使得"农民自筹"在农田水利基本建设中同样具有重要的经济支撑地位。早在税费改革之前，各地特别是旱涝高发区的农民就经常有一些自发的自筹经费和义务劳动进行农田水利建设的活动。农民自筹资金办水利，必然走向自我维持和自我发展的道路，体现了水利改革的方向和社会主义市场经济的本质要求[25]，说明税费改革之前在一些旱涝高发区农民已经形成了自筹资金办水利的自发能动性。

税费改革之后，农民自筹资金办水利的情况有了新的变化和内涵注入。由于实行税费改革后，"取消统一规定的劳动积累工和义务工""村内进行农田水利基本建设、修建村级道路、植树造林等集体公益事业所需劳力，实行一事一议，由村民大会民主讨论决定""村内用工实行上限控制"等规定，引起了农民与国家分配关系的变化和产权关系等诸方面的变化。对于农田水利基本建设来说，这些政策规定不可避免地带来影响和新的挑战，其组织方式、投入渠道和投入机制都发生了深刻变化，实践中出现了新的矛盾。其中最典型的是一些政策设计超前于基层实际，基层干部执行起来难度加大。如一些乡村在取消农业税后财力缺口加大，干部无力、无心搞农田水利建设；从组织力量上看，农村税费改革后，不少基层组织权威性、凝聚力削弱，组织发动群众工作难度加大，干部积极性下降；还有一些情况是基层干部受限制太多，组织群众搞水利建设手段弱化，操作空间小等，这一系列问题对基层民众生产组织造成冲击。

在取消农业税后各地基层部门都积极探索将原先的"农民自筹"转变为各界"社会力量参与"的方式，逐渐进入农田水利建设自治性管理的时代。"参与式治理模式"成为取消农业税后各地政府在农田水利建设中与市场和农户对接的最好模式。参与式治理是指在政府政策的宏观调控和公共财政扶持下，把原集体经济组织和水利主管部门对水利工程设施的经营管理权移交给水利工程服务区域内的用水农户，使他们以主人的身份担负设施的治理责任。实践中用水户组织一般不具有设施的所有权，只是参与设施的经营和维护。参与式治理模式的实质是把公共事务治理的权力不同程度地自上而下转移，属多中心治理的性质。在参与式治理模式下，设施的经营者和设施效益的享受者是统一的，易于实现个人利益与群体利益的统一，有利于社会公平，这一点优于原先的纯自发性质的农民自筹办水利模式。其中"用水户协会"是在农业税取消前后全国蓬勃发展的一种参与式治理模式组织，属于互助合作性质的农业生产服务组织而非行政机构或营利性组织，更适合像农田水利这一类非营利性基础设施的治理。具体来说这种组织类型具有以下治理优势：第一，用水户参与灌溉管理，与原体制容易接轨，大多数农民能够接受。用水户协会是一个集体的概念，能更有效地保证各用水户享受公平、合理的灌溉排水服务。第二，用水户协会是具有法人地位的社团组织，工

作具有长期性、连续性和计划性，不会出现短期行为。第三，用
水户协会容易与地方各级政府机构协调，并得到广大用水户的信
赖，对外活动（如筹措资金等）比私人治理更具优势。第四，有
利于田间工程的维护和改造等[26]。农民用水户协会自从20世纪90
年代初试点以来，经过十几年来的发展，截至2006年8月，中国
已经有30个省（区、市）不同程度地开展了用水户参与灌溉管理
的改革，组建了以农民用水户协会为主要形式的各种农民用水组
织20000多个，管理灌溉面积近1亿亩，参与农户6000多万人[27]。

二、推进农业科技创新

我国改革开放的总设计师邓小平同志指出，"科学技术是
第一生产力"[28]。在农业发展过程中农业科技创新当然是当仁不
让的第一生产力。在经过了改革开放初期农村家庭联产承包责任
制的制度红利以后，中国作为一个发展中农业大国，具有发展中
国家最为明显的特点，即工业化水平低，农业在经济中所占比重
大，人口多，生产力水平低等，新时期中国农业呼唤着新的生产
力的变革和进步。

农业科技创新是将农业技术发明应用到农业活动中所引起
的农业生产要素的重新组合，主要包括新品种或生产方法的研究
开发、试验推广、生产应用和扩散等一系列相互关联的技术发展
过程。在这个过程中，最重要的主体有政府、农业科研机构、农

业科技企业、农村经济合作组织、农户等，这些主体之间互相关联、密不可分，有机地构成了农业技术创新体系。我国的农业科技创新长期以来存在着政府主导性农业技术创新效率低下，职能不明确；农业科研机构创新能力不强；农业科技企业市场活力不够，科技推广能力弱；还有农户对于农业科学技术的接受程度和应用能力都不够。新世纪以来国家在进行农业税费改革和农业基础设施建设的过程中，最终聚焦农业科技创新，在厘清当时农业科技中的一系列问题的背景和前提下，在推进农业科技创新等方面进行了有益的尝试。

首先，政府转变职能，积极引导创新。

农业技术创新过程是两个相对分离的部分，也就是前期的创新活动和后期的创新活动。前者包括农业技术研究、试验、推广等；后期包括农业新技术的应用、扩散等。由于农业科技创新周期长、费用高等特点，政府成为作为农业技术创新链条中前期的组织者和推动者，但是由于政府的创新行为较少受到经济变量的影响，因此主导创新低效、动力不足。在税费改革之后，基层政府由于财政财力不足，办公积极性和效率低，政府对于农业科技创新的管理和组织职能面临着转变。经过一定时间的摸索，政府职能逐渐向着建立以宏观调控为主导的农业技术创新管理体系的方向转变。如制定有利于农业技术创新的政策法规、加强促进农业新技术的立法工作，为推动创新体系建设良好的法律环境。再如政府投入渐渐退出非战略性的竞争领域，强化对关键产业发展有重大影响的技术创新技术转移和社会效益显著的公益性领域的投入等，切实凸显为公共事业服务的职能与功能。同时通过加大公共资金投入、健全风险防范机制、大力建设农业科技园等具体手段为农业科技创新保驾护航。

其次，改革科研体系，努力促进创新。

农业科研是农业技术创新的基础，它的基本目标是促进农业生产，其作用主要表现在以下几个方面：一是科学研究通过增加产出或降低成本来提高生产效益；二是科学研究能够减少与农业生产相关联的环境等许多因素给农业生产带来的风险和不稳定性；三是科学研究可以改进农业投入和产出的质量，在一些情况下还会创造新型产品。长期以来，农业科研都对农业的增长和发展起到了一定的促进作用，但由于科研体系上存在一些先天性的障碍性因素，其仍然没有充分发挥作用。

农业科研体系由科研技术、成果开发市场、农业科研服务机制、农业科研管理以及农业科研机制等成分构成，其中农业科研机制主要是指农业科学技术研究与管理的机构设置、职责范围、权属关系和管理方式的结构体系等[29]。21世纪初，虽然经过20多年的改革开放，我国农业科技管理从宏观管理部门（政府职能部门）到微观主体（科研院所）都发生了很大的变革，还有新型的科研服务机构和公司加入到农业科研的队伍中来，但尚未形成真正与市场经济体制相适应的、具有自主创新能力的农业科技管理体制。从宏观上来讲，这表现在我国农业科研机构规模庞大但整体协调性差；管理体制滞后，农业科技资源要素难以合理配置；还有我国农业科研体制的制度环境与配套措施不完善等[30]。从微观上来说，农业科研投入不足限制了农业科学研究的发展，科研人员数量规模过于庞大，人均科研经费过少，不能充分发挥科研人员的潜能，调动他们工作的积极性；还有长期以来，农业科技活动是在政府主导下进行的，存在着较多的体制障碍[31]。如此表明传统的农业科技体制已经不能适应当前市场经济发展的需求，应改变过去那种自上而下的政府主导型做法，将农业科学研究、推广、农民和市场紧密结合起来。2007年，国家编制了《国家农业科技创新体系建设方案》，要求全面落实《农业科技发展纲要（2001—2010年）》的有关要求，构建由国家基地、区域性农业科研中心、试验站和企业技术研发中心等组成的国家农业科技创新体系，形成我国在组织化层面上农业科技创新体系建设的总体思路。在此前后，中国在农业科技体制方面已经开始了有益的实践尝试，主要的依托主体仍是公共农业科研机构（包括国家科研院所和高校等相关单位）以及农业科研企业这两个层面的科研机构。

在公共农业科研机构的体制改革创新方面，逐渐围绕国家战略目标，整合资源、理顺结构、调整布局、明确分工、统一协调，形成了国家和地方科研机构联动、整体和区域协调的科研图景。在国家一级层面，按照2005年、2006年、2007年中央1号文件的部署精神，依托全国种植、畜牧、水产领域已有的三级农业科研机构，逐步形成"国家创新基地—区域创新中心—国家试验站"三级网络体系，构建国家新型农业科技创新体系。此外，有关省（直辖市、自治区）人民政府按照中央2005年决策精神，在恢复转企转事业单位农业科研机构的公益性质、增加事业编制、加大科研投入、转变投入方式、大幅稳定增加事业费和科研经费等方面进行大力和深化改革[32]，取得了一定的成绩，使得各级地方公益科研机构可以与国家科研网络连成一片，高效协作。

此外，企业在科技创新中的地位逐渐受到重视，主体化趋势明显。我国许多农业私营企业因为自身的需要已致力于农业科研多年，且有增长之势，如2000—2006年我国私营企业农业科研投资快速增长，投资总量由7.7亿元增长到36亿，以年均27%的速度增长；此外企业研发人员队伍也在迅速扩大，2000—2006年间增长了将近两倍[33]。但同时农业科研存在着投资比例不合理、高度集中于某类产品等问题。随着市场经济体制改革的深入，国家对于企业农业科研的重视程度日益加深。2007年，新修改的《中华人民共和国科学技术进步法》明确指出，建立以企业为主体，以市场为导向，企业与科技研发机构、高校相结合的技术创新体系。2010年，在农业部倡议下组建了中国种业知识产权联盟，提升了中国种业的核心竞争力。2011年4月，国务院出台了《关于加快推进现代农作物种业发展的意见》，再次强调坚持企业的主体地位，以"育繁推一体化"种子企业为主体整合农作物种业资源，充分发挥企业在商业化育种、成果转化与应用等方面的主导作用。在农村科技创新研究开发体系中，高度重视优化民营科技企业的运行环境，加快形成企业化的农村科研研究开发体系。近几年，通过鼓励科研人员离岗领办、创办农业科技企业，参与农业科技开发；支持各类科研型企业的发展；鼓励农业产业化龙头企业参与农业技术的研究开发；加强政府对企业科技创新成果的采购工作；鼓励企业以需求为导向投资和支持科技中介公司等一系列实际行动，同时在市场经济体制改革的更进一步深化的时代态势下，有关农业企业对于科研开发的投入热忱有增无减。

第三，优化推广体系，建立推广网络。

农业科技推广是一项社会化的活动，需要政府从宏观层面上为其创造良好的经济环境与社会氛围。但是长期以来由于各种原因，国家的公共政策、资源和支出不能及时流入农业，政府农业科技推广职能缺失。具体表现为农业技术推广体系残缺不全，推广模式偏离市场，科技服务协调机制缺失，政府投入不足且结构不尽合理，农业科技需求表达渠道不畅，推广保障机制不健全。因此新时期以来推广体系优化的重要方向就是在政府主导下努力构筑健全的农业科技推广体系，保证农业科技推广的投入，规范农业科技推广行为和市场行为，运用行政力量和经济、法律杠杆对农业科技及其推广和农业生产进行调控和干预，鼓励各种社会力量参与农科推广，协调各类推广组织之间的关系，为农民提供他们真正需要的科技服务，为农业生产构建强有力的技术支撑[34]。其中新世纪以来农业科技园区等形式成为农业推广的有力载体。农业科技园区模式是在农业科技力量雄厚、具有一定产业优势、经济相对发达的城郊和农村划出一定区域，由政府、集体经济组织、民营企业、农户、外商投资兴建，以农业科研、教育和技术推广单位作为技术依托，集农业、林业、水利、农机、工程设施等高新技术于一体，引进国内外优质品种和先进、适用的高新技术，以调整农业生产结构、增加农民收入、展示现代农业科技为主要目标，对农业新产品和新技术集中投入、集中开发，形成农业高新技术的开发基地、中试基地、生产基地，以此推动农业现代化的一种开发方式[35]。农业科技园区是利用先进农业设施和高新技术对传统农业进行改造的产物，基本建设方式是科技工业园区的建设思路与农业产业化经营相结合，以促进高新技术的试验示范，带动区域农业结构调整和增加农民收入。这种园区的基本功能包括试验功能、示范推广功能以及农业科技培训教育功能。

第四，提高农民科技素质，强化应用能力。

2005年10月8日至11日，中共中央十六届五中全会在北京召开，会议提出了社会主义新农村建设的重大历史任务。2006年中央1号文件又对新农村建设工作进行了部署。文件认为，建设社会主义新农村的首要任务便是发展生产力，以提高农产品市场竞争力为切入点，强化新农村建设的产业支撑，从而加快全面建设小康社会的进程。提高中国农产品在开放的、全球化的国际化大市场上的竞争力，必须依靠科技进步和提高劳动者素质。科学技术是第一生产力，也是农业发展的第一推动力。农户作为中国农业生产经营的基本单位，承担着接受和使用农业科技的重要责任。农民文化科技素质通常是指他们所具备的文化科技知识水平和专业技能。它通常反映的农民接受文化科技知识教育的程度、掌握文化科技知识量的多少、质的高低以及运用于农业生产实践的熟练程度。接受文化科技知识教育越多，接受和掌握先进技术的意愿、能力越强，劳动能力、劳动效率和劳动收入就越高，认识世界、改造世界的能力就越强。

20世纪末中国农民文化素质整体偏低，对社会经济发展产生了许多不利的影响，制约了现代化农业生产。农民整体素质不高，阻碍了农村科技的进步，使得农业生产率水平普遍偏低，也使得农民收入结构单一，收入增长缓慢。在生产过程中，由于农民科学文化水平不高，农业生态资源被破坏的情况也时有发生。同时，文化科技素质还限制了农业人口的转移。此外，由于市场意识淡薄，绝大多数农民不懂市场经济运作规律，不能及时敏锐地捕捉经济信息，预测农业市场走向，根据国内国际市场需求的变动及时安排生产适销对路的产品，故而使得农业经营仍在小规模、低层次上运转。

中国农民素质的提升受到城乡二元结构、农村教育体系、农业科技推广与服务、农民自身文化水平等的制约和影响，因此为了改变农民科技文化素质普遍不高的现象，要在以上这些形成因素上进行改革，狠下功夫。2007年中央1号文件和党的十七大报告明确提出，亿万农民是建设新农村的主体，要培育有文化、懂技术、会经营的新型农民，为推进新农村建设提供强大的人才智力支持。众所周知，城乡二元结构是制约农民科技素质提升的深层原因。我国的城乡二元结构除了形成政治、经济、文化、社会福利制度上的差异和区隔，还造成了教育资源分配在城乡间的严重不均。首先是农村的教育资源远远比不上城市。长期以来农村还要自己办教育，农村的各种教育投资和建设远远落后于城市。此外，重要的农业科技培训环节也较为薄弱。这些都严重阻碍农民科技素质的提高。因此，农村职业教育受到国家有关部门的高度重视。围绕着提高农村劳动者综合素质，培养新型农村劳动者，促进农村劳动者职业技能不断提高，国家召开了一系列职教工作会议，出台了包括农村劳动者职业技能培训在内的一系列积极提高农村劳动者素质的政策措施。如2002年8月24日，国务院颁布《关于大力推进职业教育改革与发展的决定》，提出要广泛开展各级各类职业培训，"十五"期间每年培训城镇职工5000万人次，培训农村劳动力1.5亿人次。2003年9月，全国农村教育工作会议指出："农村教育影响广泛，关系农村经济和社会发展的全局，要充分认识农村教育在全面建设小康社会中的战略地位。职业教育以就业为导向，成人教育以农民技能培训为重点，两者都要实施多样、灵活、开放的办学模式和培训方式，切实培养能真正服务于农村的各类人才，促进农业增效、农民增收，推动农村富余劳动力向二、三产业转移。"

从2004年中央1号文件《中共中央国务院关于促进农村增加收入若干政策意见》开始，连续4年的中央1号文件都将"三农"问题摆在中心位置，说明中国对原先的农村和农业的关注早已扩展到对于农民的关注，从这一年开始农村专业劳动力培训政策成为农村职业教育政策的主体内容之一。国家不仅重视从事农业的劳动力素质培养，而且重点扩展到了转移劳动力素质培养上来，有关部门专门成立了促进农村转移劳动力培训系统工程，在全国"初步形成以县级职业学校和成人学校为龙头，以乡镇成人文化技术学校为骨干，以村成人学校为基础的县、乡、村三级实用型、开放型农民文化科技教育培训体系"以促进进城务工人员素质和技能的提高。2005年10月，中共中央国务院颁布的《国务院关于大力发展职业教育的决定》要求，今后几年逐步实施"农村实用人才培训工程"；同时教育部也颁布了《关于实施农村实用技术培训计划的意见》，计划在2005至2007年期间，在现有培训规模的基础上，努力扩大规模。

2007年，中共中央及国务院又下发《关于加强农村实用人才队伍建设和农村人力资源开发的意见》，采取措施促进农村实用人才培训工程的进一步实施。

首先，继续实施"农民绿色证书培训"，加大力度培养农村技术骨干以满足今后开展农业生产建设的需要。绿色证书是介于中专学历教育与一次性单项技术培训之间的一种农业技术培训，只要达到一定程度的理论培训和实践培训要求，就可以获得此证。20世纪80年代末我国开始实施推广绿色证书教育。到2007年为止全国已经有2000多个县开展此项工作，覆盖率达到70%以上。根据2005年的数据统计，培训农民2806万人，有1237万人获得绿色证书。全国共建教学基地7.2万个，实习基地3.4万个，有89万人被乡村政府、农村社会化服务组织和专业协会接纳为会员[36]。

其次，推行"新型农民科技培训素质工程"。为实现农业结构调整和区域经济发展，广大农村区域围绕当地特色支撑产业开展以技术为主的复合式培训，以达到提供充足人才支撑的效果。

再次，通过建立"农村劳动者科技书屋""农家书屋"等，为广大农民提供符合农村实际需要的生产生活免费知识载体。2007年3月6日，国家新闻出版总署、中央文明办、国家发改委、科技部、民政部、财政部、农业部、国家人口和计划生育委员会八部委发布《"农家书屋"工程实施意见》（卜称《意见》），计划"十一五"期间在全国建起20万家"农家书屋"，到2015年基本覆盖全国的行政村。"农家书屋"工程是政府统一规划、组织实施的新农村文化建设的基础工程、民心工程之一。在《意见》指导下，各地坚持政府扶持、社会捐助、统一规划、分头实施的方针，多渠道吸收资金，整合各种资源，取得了一定的成果。

根据《关于加强农村实用人才队伍建设和农村人力资源开发的意见》，除了农家书屋，还通过每年经常性地开展各式生产培训，引导农村劳动者在生产过程中学习技术知识，探索知识下乡及农民培训的长效机制。同时还启动实施"百万中专生计划"，依托分布在全国的农业广播电视学校和农业职业学校，以具有初中以上文化程度的农民为主要对象，在未来10年内培养出100万名具有中专学历的农村实用型人才，增强他们带领农民群众共同致富的能力，使其成为建设社会主义新农村的带头人。重点建设1000所县级职教中心，形成一批职业教育骨干基地和实训基地。大力推进"一网两工程"实施，构建以县级职教中心为龙头、乡镇成人教育学校和普通中小学为依托的农村职业教育培训网络，广泛开展农村劳动力转移培训和农村实用技术培训。

　　总之，在2007年《关于加强农村实用人才队伍建设和农村人力资源开发的意见》的指导下，各地通过农民业余技术学校、职业中学、培训班、科技人员上门辅导、选送农民到院校进修、农业广播学校、函授教育等一系列形式，形成一种保证全员技术素质和全程流技术水平不断提高的农村教育体系，提高新一代农民的文化素质，从而达到"开教育之源，引科技之水，灌农业之田"的目标，为农民采用先进科技打下扎实的文化基础。

第三节

推进农业产业化发展，促进农民专业合作社建设

　　在进行税费改革以及农业科技创新的基础上，2002—2011年中国农业在制度支持和科技支撑的社会氛围中发展迅猛，逐渐走向具有中国特色的现代化农业发展道路。在此期间由于我国农业的实际情况以及借鉴其他先进农业国家的有益经验，在农业生产组织方面广大农户逐渐与市场接轨，走向了农业产业化经营的新阶段。更重要的是，国家政策也大力扶持和引导中国农业的产业化经营，一方面加大对农业产业化经营的政策扶持力度，另一方面也鼓励农民探索新的农业产业化经营组织模式，加快发展农民专业合作社。因此这一阶段的中国农业在生产方式、组织模式等方面都做出了很大的成绩。

一、加大农业产业化扶持力度

　　农业产业化是以国内外市场为导向，以提高经济效益为中心，以农民合作经济组织或龙头企业为依托建设起来的科研开发、教育培训、生产基地、产品加工和工商贸易等第一、二、三产业紧密相合、相辅相成，形成区域化布局、专业化生产、一体化经营、社会化服务、企业化管理，产供销、贸工农、经科教一体化的利益共同体，实现"1+1＞2"的系统整体效应。它是一种以经济学原理、生态学原理、市场机制功能和系统工程为指导的多功能、多目标、多层次的农业产业经营体系，是实现经济效益、社会效益和生态效益相统一的社会化大生产方式的创新[37]。

我国的农业产业化作为一种新的生产以及经营方式，诞生于我国从计划经济体制向市场经济体制转轨的1992—1993年。新世纪以来，经过了将近十年的探索与实践，中国的农业产业体系在组织形式、经营模式等方面已经形成了初步规模。党的十六大报告指出："积极推进农业产业化经营，提高农民进入市场的组织化程度和农业综合效益。"[38]十六大以来，国家更是将农业产业化作为现代化农业发展前进的主要目标和指引，对农业产业化的经营给予更有力的政策扶持。这首先表现在2004年以来的中央1号文件都提出要加快农业产业化经营和发展，并且明确了多种支持政策和措施。如中共十七届三中全会通过的《中共中央关于推进农村改革发展若干重大问题的决定》提出了农业产业化发展的新目标，也就是要促进农产品加工业结构升级，大力扶持龙头企业，培育知名品牌。

在党和国家的系列政策引导和扶持之下，各地都因地制宜地进行了农业产业化的探索与实践，形成了多种经营模式。在带动方面，大致有龙头企业带动模式、专业市场带动模式和特色产业带动模式等[39]；在具体组织方面，初期是"公司+农户"模式，逐渐向"公司+基地+农户""专业批发市场+中间商+农户""农民专业合作社+成员""公司+专业农民合作经济组织+成员""行业协会+公司+农民专业合作经济组织+农户"等多种组织形式扩展。其中龙头企业带动模式是农业产业化发展的关键模式，是我国农业产业化中最早启用与实践的一种典型模式，也是世界各国和地区广泛采用的运行方式。龙头企业是指基础雄厚、辐射面广、带动能力强的农副产品加工、销售企业或企业集团，它具有开拓市场、引导生产、深化加工、延长农产品销售时间和空间、增加农产品附加值等综合能力。龙头企业带动模式主要以"公司+农户"或"公司+基地+农户"组织形式出现，其突出特点在于依附于龙头企业的引导和支配，农户从属于龙头企业，企业在实际运作中为农户组织服务和有限让利。实际运行的时候，又有"公司+分散、独立农户"模式、"公司+基地/协会/合作社+农户"模式，总之它是由龙头企业直接与农户联络或间接通过基地、协会、合作社等组织与农户签订订单的经营方式。在这些运营形式中，龙头企业往往是特色农业产业化基地的构筑主体和核心，由于它们往往都具备良好的基础条件和市场知名度，其品牌影响力、获取信息的及时和准确性都不容忽视。党和政府在对农业产业化经营的指导和政策扶持中曾多次强调龙头企业的重要性。如2004年中央1号文件中指出："不管哪种所有制和经营形式的龙头企业，只要能带动农户建立起合理的利益联结机制，给农民带来实惠，都要在财政、税收、金融等方面一视同仁地给予支持。"[40]2008年的中央1号文件又指出："龙头企业要增强社会责任，与农民结成更紧密的利益共同体，让农民更多地分享产业化经营成果""鼓励农民专业合作社兴办农产品加工企业或参股龙头企业"[41]，从而使农民从产业化经营中获得更多的加工流通增值收益。在中央政策的扶持、各级政府的支持以及市场经济的自然规律下，各地涌现出很多对农业产业化颇有作用的龙头企业，他们的运作模式也各显其能，如湖南金健米业的契约模式产业化实践、广东温氏集团的复合型模式农业产业化运营、福建野力集团的准企业模式运行模式等都是比较典型的农业产业化经营模式。

此外，各地还根据各自的实际情况，在进行农业产业化经营时除了注重龙头企业的带动作用，还在专业市场和特色产业带动方面有所进益，不断为中国农业产业化实践提供有益的实践案例。各地在进行专业市场带动农业产业化实践之时，主要通过规范和完美现有专业市场、加快发展当地以及周边的农产品生产要素市场以及多渠道开辟国际市场等进行探索。如福建省安溪县在做强特色茶产业经营方面就进行了有益探索。该地的农业产业化经营围绕特色农业，通过同类行业的集聚以及相关产业、支持性产业的聚集，实现了区域专业化生产；同时在茶叶产业化进程中发展特色农业，用生产标准化加强特色农业基地建设，以经营的企业化培育特色产业组织，产品的品牌化提升特色产品质量，并注重环境经济协调发展，实现特色产业的可持续发展[42]。再如山东省临沭县在进行农业产业化经营过程中，逐渐摸索出以条柳编特色产业、养殖业和特色种植业为龙头，不断壮大农业加工业、养殖业以及脱水蔬菜企业的发展，使得该县的农业产业化经营整体水平都较以前有所提高[43]。

在农业产业化经营模式不断拓展进程中，农民专业合作社也成为这一现代化转变的有力载体和发展迅猛的重要组织实体，在新时期农业发展中得到国家和社会的有力支持，使农业专业合作组织成为十六大以来农业产业化经营中的重要力量。

二、加快发展农民专业合作社

2007年7月1日起施行的《中华人民共和国农民专业合作社法》将"农民专业合作社"定义为"在农村家庭承包经营基础上，同类农产品的生产经营者或者同类农业生产经营服务的提供者、利用者、自愿联合、民主管理的互助性经济组织"。我国的农业合作社早在中华人民共和国成立初期就以生产互助与合作的形式出现在广大农村，但只是"农业合作社"而并非"农民专业合作社"。这两个概念实际上是有所区别的。我国真正意义上的

"农民专业合作社"，实际上是在改革开放初期家庭联产承包责任制实行之后，广大农民由于获得了土地的使用权生产积极性提高，农产品产量增长，他们逐渐意识到自身在市场交易中处于弱势地位，逐渐认识到只有通过相互合作才能提升农产品进入市场的竞争力，这样一来由农民自发组织的产供销一体的农民专业合作社形式开始出现。农民专业合作社就是为了解决小农户与大市场的矛盾，建立农民整体进入市场的平台而由农民自愿建立起来的农村非营利组织[44]。

20世纪90年代中期到21世纪初年，由于我国农村市场经济体制的完善，对于农产品市场化的要求进一步增强，随农产品产量的逐年增多而来的销售困难成为广大农民急需解决的重大问题。这一阶段由于政府的重视和农民的自发自觉，农民专业合作社以及其他的农民合作组织在全国蓬勃发展起来。2002年农业部根据形势发展的需要，在全国选择100个专业合作组织、6个地市以及浙江省作为综合试点单位，并围绕11个优势农产品区域、35个主导产品以及名特优产品产业带的开发建设，开展农民专业合作社试点工作[45]。由此拉开农合社规范化与产业化的帷幕。

经过长期的探索和实践，新世纪以来，伴随着农业产业化经营的国家政策扶持导向以及市场经济的进一步深化，农民专业合作社进入规范化的发展阶段。2006年中央1号文件明确将农民专业合作组织作为保障农民从农业产业化经营中获得更多实惠的重要组织形式，提出推广龙头企业、合作组织与农户有机经营的组织形式。2006年10月31日，第十届全国人民代表大会常务委员会第二十四次会议通过并在2007年颁布实施的《中华人民共和国农民专业合作社法》，从法律上确定了农民专业合作社主体地位，使农专合发展走上规范化道路。依照新世纪以来党和政府对于农民专业合作社这一农业生产组织形式的大力支持，各级政府部门先后纷纷出台一系列有关政策措施，从财政、税务、金融等方面为农民专业合作社保驾护航。农民专业合作社由于自身所体现的优势，使其本身发展迅速。党的十六大以来，截至2012年全国依法登记的专业合作社达到55.2万家，入社农户达4300多万户，约占农户总数的17.2%。农民专业合作社统一采购农业投入品和销售农产品，帮助成员节约成本，同时大幅度提高了农产品产量、品质，有力地促进了农民增收。据统计显示，入社农户的收入普遍比其他农户高出20%以上[46]。

第四节

 积极应对"入世"影响，完善农产品流通体系

2001年12月，中国正式加入世界贸易组织（World Trade Organization，简称WTO），并签署了有关的农业协议，中国农村因此获得了直接面向国际市场、参与国际竞争的权利，为优化本国农产品出口的外部环境提供了有利条件。在加入WTO时中国在农业市场准入方面做出了降低农产品关税、开放农业市场、拆除非关税壁垒、消除国营垄断等贸易承诺，此外还承诺在小麦、水果和肉类等农产品贸易上执行WTO的SRS标准[47]。因此，中国加入世贸组织一方面农业受到国际规则、法则和管理的约束，农产品贸易面临着更高的要求和更为严峻的调整和转换；但与此同时，顺应国际规则，充分利用好它们开展对外经贸活动，又能使中国农业在发展中自强和走向世界。加入世贸组织后的中国农业面临着挑战和机遇双重因素，在发展中顺应潮流，朝市场化、规范化、国际化迈进，并趁机改革并构建完善农产品流通市场，为中国农业在新时期再上新台阶助益良多。

一、加入WTO后中国农业的影响与应对

世界贸易组织（英语：World Trade Organization 简称WTO），中文简称是"世贸组织"，1994年4月15日，在摩洛哥的马拉喀什市举行的关贸总协定乌拉圭回合部长会议决定成立更具全球性的世界贸易组织，以取代成立于1947年的关贸总协定。世界贸易组织是当代最重要的国际经济组织之一，拥有164个成员，成员贸易总额达到全球的98%，有"经济联合国"之称。2001年中国正式加入WTO，标志着中国各产业对外开放进入一个全新的阶段。中国加入世贸组织对于农业来说是挑战也是机遇。刚加入世贸组织的时候，恰逢国际市场农产品价格上涨，中国农产品出口总额显著增长，进口总量微增，贸易顺差加大。但是实际上，2002年上半年虽然农产品出口有着较快的增长，但由于欧盟、日本等国家和经济体设置技术壁垒，已经影响和制约了我国畜产品、水产品、茶叶、蔬菜等农产品的出口增长幅度。同时，由于我国农产品自身在严格的检测标准面前表现出生产缺乏质量规范和安全约束等关键性问题，总体来说，由于自身产品质量的不足和外部的技术壁垒，我国农产品的价格优势正在被当时初入国际市场的一系列不适应等状况所抵消。

基于以上入世以后出现的各种情况，我国政府和广大农民积极探索和采取应对措施，提高我国农产品的自身品质和在国际上的竞争力，由此取得了一系列宝贵经验。即理论创新带动政策

创新，切实强化农业的基础地位；坚持市场化改革取向，用改革的办法解决开放中出现的问题。最重要的是紧紧围绕利用两个市场、两种资源，用世界的眼光、全球的视角统筹谋划农业发展。

首先，积极调整农业产业结构，针对世界贸易市场做出一系列专业化和特色化的优势产业。农业产业结构调整是改革开放以来我国农业结构发展的重要命题，也是中国农业现代化建设的重要改革支点。我国自改革开放到20世纪末的农业产业结构调整重点是基于本国农业情况的结构调整，新世纪中国加入世贸组织以来，农业产业结构调整又添加进来对外贸易和国际市场的特殊背景。我国在世界农业贸易中的竞争优势是由于劳动密集而形成的价格优势，但同时其中也存在劣势，在这样的挑战之下，中国农业的应对措施是发展优势、规避劣势。

其次，努力建设大规模的专业化农业产业区，将其作为提升农业综合生产力和农产品国际竞争力的有效方式。国际市场上许多具有独特综合生产力与强竞争力的农产品都来自大规模的专业化农业产业区，我国在改革开放以来，随着市场经济的深化发展自发形成了一些初具规模的农业区，如河北清河羊绒集镇（羊绒）、云南斗南（花卉）、山东金乡（大蒜）等。这些产区一开始以先天环境所适宜生长的某种农产品为核心，此后逐渐集中了专业的农产品生产者、加工者、销售者以及科研、服务机构。入世以来，面对着国际国内的市场贸易形式，我国又发挥区域优势，重点扶持和培育优势农产品和优势产区，持续建设优势农产品生产基地。农业产业区的优势在于区内各经济主体进行专业化的分工协作，交织在区域社会关系网络之中，创造着难以模仿的竞争优势，还将小规模的分散经营者聚集在一起，形成了小规模经营者与大市场的有效连接机制。在逐渐发展过程中我国的农业产业区已经向农业产业集群迈进。集群的发展还可以实现集约经营，从而提高农业的整体规模效益，提高农业的城镇化和工业化水平[48]。

最后，大力推进环保农业、绿色农业、有机农业发展，冲破农产品技术贸易壁垒。

加入WTO后，我国传统农业面临着日益严峻的国际市场挑战，我国农产品出口受到西方国家绿色壁垒的限制，传统农产品出口贸易额下滑。"绿色壁垒"（Green Barriers），这一名词是我国学者的独创概念，它是指进口国政府或民间组织为保护人类和保护环境，或者为保护本国产业，通过边境上或边境后的法律、法规、政策、标准等手段对产品从生产到消费整个生命周期链条上的各个环节加以限制，阻止国外达不到本国要求的产品或本国产品的竞品进入本国的一系列措施。绿色壁垒的本质是环境与自由贸易的冲突与协调问题，也是新贸易保护主义与环境保护运动相结合的产物，更是各国特别是发达国家参与国际竞争、维持竞争优势的武器[49]。面对环境、安全等因素带来的一系列对于中国农产品出口贸易的外部影响，中国主要采取了发展绿色、环保、生态、有机农业的对策，一方面冲破农产品的技术贸易壁垒，另一方面对本国的食品安全建设做出重大贡献。有机农业所生产的食品称"有机食品"。有机农业多以产业化为龙头，以环境质量安全全程控制和标准化为手段，通过对农产品生产基地环境质量监测和评价、生产过程中农药和化肥等的合理使用，最终生产出安全的农产品。许多原有的传统农业生产基地在入世后都积极调节生产环节和控制方式，从产前、产中和产后对农产品进行全程质量控制，生产符合标准的无公害农产品，使自己的产品和企业在入世后顶住了贸易技术壁垒的压力，重新获得强大的市场竞争力。如地处坝上草原的河北省蔬菜出口重点生产区张家口市，由于地处中高海拔地区，光照充足、昼夜温差大、远离污染、水源和空气质量好等先天条件，又结合通过推行农业标准化种植，不仅实现蔬菜产量猛增，而且品质不断优化，远销国外。2003年以来张家口市出口蔬菜数量每年翻一番，2007年该市蔬菜出口总值首次突破千万美元大关，共出口蔬菜1753批次28724吨，货值1147万美元，同比分别增长为85.1%、29.3%和50.7%；沽源县无公害错季蔬菜标准化示范区还被选为2008年北京奥运会蔬菜专供候选基地[50]。

二、完善农产品流通体系

农产品流通是以增值为目的的农产品商品交换活动，是农产品在流通领域的运动过程，包括商流、物流、信息流和资金流等过程。中华人民共和国成立初期到20世纪末，我国的农产品流通体制改革经历了四个阶段，首先是1953—1977年的统购统销时期，此时的农产品由必须卖给国家的"计划收购"，以及完成国家派给的任务后剩下的才能卖给别人的"限量收购"，还有自己可以自由支配的"自由销售"组成，但是因为当时国家粮食任务的巨大，因此自由销售几乎不存在。第二阶段是1978—1984年，开始了由计划调节与市场调节相结合的过渡时期，这一时期国家减少了统购统销的品种和数量。第三阶段是1985—1997年，这段时期是国家农产品流通领域的"双轨时期"，也就是1985年开始国家开始实行农产品流通合同定购和市场收购两种制度。其中，1992—1993年，我国的农产品流通走出双轨制，进入全面市场化阶段；但1994—1997年由于粮食价格的上涨又使国家再度强化对于市场的介入，农产品流通再次回归"双轨制"。1998年之后中国才真正进入全面改革的农产品流通领域市场化时期，这是第四个阶段。到20世纪末，经过多年的调整和摸索，中国的农产品流通领域已经基本上形成初步的市场体系。一个以批发市场为枢纽，以城乡集贸市场为末端，以个体商户为主体的初级的市场经济的农产品流通体系已经形成[51]。如果将此时已初见其形的农产品流通描述为一个具有五层结构的系统，那么这五个层次包括流通的起点和终点分别为农户和城镇家庭，中间为生产服务层、流通服务层、消费服务层。生产服务层包括中小型公司/基地、各种专业协会、农民专业合作社、大型企业集团和其他无组织形式的单位，他们主要从事从各个农户家庭收集农产品、进行简单的加工；流通服务层包括产地集贸市场、销地批发市场、分销商和运输商等，起着联系生产服务层与消费服务层的桥梁作用，并为其提供交易信息和场所，是农产品流通的主渠道；消费服务层包括城镇农贸市场、超市和其他零售商，他们直接向消费者提供农产品[52]。但是仍存在着一些不尽如人意的地方，具体来说主要有以下几个方面。

第一，农产品流通市场体系不健全，市场对生产缺乏导向作用。

农产品流通在农业社会生产和再生产过程中处于媒介地位，它发展的深度和广度取决于农产品流通体制的完善程度和农产品市场体系的健全程度。其中农产品流通体制是指组织和管理农产品流通活动所采取的基本制度和主要方式、方法，内容主要包括市场主体的确定、流通组织方式、价格形成机制、宏观调控及行政管理方式、流通企业经营方式等；而农产品市场体系是由交易市场体系、市场规则、监督管理体系以及服务体系组成的有机整体。21世纪初我国农产品流通体系的主要问题就是交易体系组织方面功能不健全、市场规则尚待整顿、监督管理仍需进一步加强、服务体系仍有滞后情况。我国的农产品流通交易体系组织化程度低指的是虽然已经形成以批发市场为枢纽的流通体制，但未能有效地建立全国统一的大市场，未能开展地区之间的分工合作，存在地方市场分割和人为的阻断现象，从而影响了全国大流通市场的形成[53]。造成这方面的主要组织原因是当时农业龙头企业、供销合作社功能的不完善。到2004年农业龙头企业带动的农户只占农户总数的五分之一，供销合作社始终没有被真正成为农民的合作组织，农村社区合作经济组织也未能完全发挥作用。此外，农村也普遍缺乏具有独立产权的代表农民利益的经济组织。虽然有农民个体运销户、经纪人、各类农民合作组织进入农产品流通领域，但其均呈现无组织的分散状态，组织化程度低决定了它们缺乏市场竞争力和自我保护能力。农产品生产大多数是一家一户分散式的小规模生产，种植面积小、品种多是其主要特点，又基本上是手工操作，而农产品的主要销售地——大中城市又具有集中性的特性。如何将分散的、小批量的农产品集中起来的问题在多数城市尚未得到很好的解决。[54]此外，20世纪末21世纪初的农产品市场还存在着市场规则模糊、意识不强以及监督管理滞后的情况，这一方面增加了农产品的生产和流通成本，另一方面又损害了作为消费者的农民的利益。

第二，市场主体发育程度较低、社会交易成本过高也是20世纪末21世纪初中国农产品流通体系的重要不足。

农产品流通体系的重要市场主体是农产品生产者（农户或企业）、中介主体（各种代理商、经纪人、合作社和流通企业等），他们之间的交流和流通有赖于农产品流通基础设施的强大，由于这些载体自身的发育不完全和基础设施的不健全，形成了我国农产品市场流通半径小、环节多、链条长、效率低的缺点。具体来说，农产品流通半径小指的是我国农产品销售具有较强的地域限制，以产地批发市场为例，大多数农产品都在产地附近销售，外销的数量十分有限，经常出现农产品在产地过剩而在销地却短缺的尴尬局面。如此一来，农民蒙受经济损失，生产积极性受挫，而销地居民的农产品消费需求又得不到满足，形成供需不对等的态势。农产品流通环节过多，流通链条过长指的是在流通过程中市场主体结构呈现多段和多元主体的畸形状态。以蔬菜流通过程为例，要经过国家（土地所有者）—菜农（生产者）—产地中间商—市场批发商—市场中间商—零售商—消费者等多重环节。由于存在着多重的中介主体，中间环节极为复杂，经过反复落地倒运，流通过程中不良成本加高是肯定的，最重要的是这些运输和交易成本其实都被转嫁到各级市场主体身上。同时，农产品流通效率低下是在所难免的，农村物流业现代化水平、管理水平和组织化程度都较低而导致的流通速度慢、农产品损耗严重、成本过高是流通效率低下的重要表现。

　　造成以上情况的主要原因有二。一是由于作为市场重要主体的农户存在先天不足。二是因为我国农产品流通体系中基础设施建设的羸弱。前者主要是说农民作为交换主体在与其他市场主体竞争中享受不到机会均等的待遇。由于农村普遍缺乏具有独立产权的代表农民利益的经济组织，农民组织化程度较低，分散、细小的生产经营方式限制了农民的交易方式，呈无组织的分散状态进入市场的广大农户面对社会上各种竞争，缺乏市场竞争力和自我保护能力。此外，我国农产品流通基础设施投入力度和建设也有不足。有学者将农产品流通体系分为三个要素。一是渠道体系类要素，主要指农产品流通主体及其相互之间的关系，具体包括市场和农产品流通中的各类中介组织，如流通龙头企业、代理商、农产品流通合作社、农民协会、经纪人队伍、批发商、贩运商、零售商等。二是流通载体类要素，指用于农产品交易的各类市场，如批发市场、期货市场以及零售市场。三是规范与支撑类要素，主要指确保农产品产销通畅的信息保障与政策支持[55]。其中农产品流通的基础设施指的是在农产品流通过程中的基本软硬件保障和服务保障，如在农产品主产区和主销区所建设的商品储存设施、大型农产品流通设施，具体来说有农产品市场的供水、供电、场地硬化、交易和冷藏设施、通信和信息系统、电子结算系统、质量检验检测系统等基本硬件建设。此外，市场信息网络和电子商务平台等信息设施及其相关的服务体系也是农产品流通所需的软件基础设施。当时中国农产品流通中的信息服务能力也比较薄弱，主要体现在信息化硬件建设落后、信息资源不能共享、信息服务不到位等方面[56]，这使得在交易流通中双方或者多方都不能获得对等信息，从而造成农产品生产和流通的盲目性。

鉴于以上农产品流通体系发展中的种种问题，2002年12月6日，国家发展计划委员会、国家经济贸易委员会、农业部、财政部、中国人民银行、国家工商行政管理总局六家中央单位联合发布了《关于加快农产品流通设施建设的若干意见》[57]（下称《意见》）。《意见》认为"加快农产品流通设施建设，是'十五'时期国民经济发展中的一项重要任务"，指出"'十五'和今后一段时间，我国农产品流通设施建设的指导思想是：适应经济发展和人民生活提高的需要，进一步完善政策，深化改革，扩大投入，加快发展，建立畅通高效、安全卫生、交易方式先进的农产品流通体系，降低流通成本，提高我国农产品的市场竞争力，促进农业结构调整和农民增收，保障居民的消费质量和安全"；《意见》还对做好全国骨干批发市场建设、农产品批发市场内部检验检测设施建设、信息网络建设、农产品储藏运输等物流设施建设以及培育农民合作运销组织和大型经营企业进行重点关注，提出了"逐步形成以全国骨干批发市场为核心，以连锁超市等其他流通方式为补充，以现代物流服务体系为依托，以现代交易、结算、信息、检测、储藏、物流等技术为支撑，以良好的企业经营和资金投入机制为保证，以稳定、有序规模化的农产品经销商队伍为主体的现代化的农产品市场流通体系"。商务部也已经对农村流通业的改善和发展倾注力量。2005年2月，为扩大农村消费，提高在广大乡村流通的商品质量，商务部决定在全国范围内开展"万村千乡"市场工程试点。这一工程是商务部围绕破解"三农"问题做出的重大举措，主要是以县级及县城以上城市流通骨干企业为依托，以乡镇为支撑，以村级为基础，形成县、乡、村三级互联互通的现代流通网络平台，并借助这一平台，把连锁经营、统一配送、电子商务等现代流通方式向农村延伸，从根本上解决农村和农民消费不方便、不安全、不实惠和"买难卖难"等问题，促进农村经济和物流体系建设快速发展。2006年2月13日，商务部又发布《关于实施"双百市场工程"的通知》（下称《通知》），提出按照统筹城乡发展和统筹国内发展与对外开放的总体要求，通过政府政策引导、企业自主建设，培育一批面向国内外市场的大型农产品批发市场和流通企业，构建与国家市场接轨的农产品现代物流体系，拓宽保障农产品流通安全、促进农民持续增收的新路子。《通知》指出"双百市场工程"的主要目标是从2006年起力争用三年的时间，通过中央和地方共同推动及重点市场、重点企业示范带动，完成全国一半左右（约2000家）农产品批发市场升级改造，使农产品流通成本明显降低，流通环节损耗大幅度减少；全国约300家大型农产品流通企业经超市销售农产品的比例达到30%以上，使更多优势农产品进入跨国公司的国际营销网络。2007年中央1号文件明确提出"要合理布局，加快建设一批设施先进、功能完善、交易规范的鲜活农产品批发市场""加快建设'万村千乡市场'、'双百市场'、'新农村现代物流网络'和'农村商务信息服务'等工程""切实落实鲜活农产品绿色通道政策，改善农民进城销售农产品的市场环境"。

改革开放以来，国家已经逐步建立起包括农产品市场信息定期发布制度、重要农产品储备制度、农产品风险基金制度、粮食收购保护价制度和重要农产品进出口调节政策等在内的宏观调控体系，并逐步完善和落实加快农产品流通体系建设的配套扶持政策，引导财税、银行、保险机构加大支持力度，吸引社会资金投入农产品流通基础设施建设[58]。政府不断完善自身职能，农产品市场宏观调控能力显著增强，到"十一五"计划完成之时中国的农产品市场流通体系不断完善。

第一，经过多年的不懈努力，在21世纪第一个10年之内中国多元化的农产品市场主体初步形成。农民个体运销户、农村经纪人、农民合作组织、农业龙头企业等其他流通形式在日渐发展的基础上，加强了相互之间的组织联系，形成了多种模式的组织形式。

数据显示，截至2009年底我国农产品经纪人已经发展到600万左右，季节性从业者高达1000多万人。其中有经纪执业资格的人员近20万人，农民专业合作社组织发展到15万个，农产品经纪人协会已有2609家，主要从事农产品流通、科技、信息等一系列中介服务活动，在引导和组织分散的农民进入市场、寻找农产品销路、增强竞争力、增加收入等方面发挥着重要的作用。农业产业化龙头企业已发展到4300多家，这些企业大多数实行产加销一体化经营，建立起相对稳定的农产品购销渠道。

组织体系是农产品流通的主要形式，与市场体系协调统一是流通模式改革的核心内容。通过规范和健全市场体系、完善管理机制、加强农产品流通基础设施建设、培育和扶持龙头企业、积极发展多元化市场流通主体和建立灵敏通畅的农产品网络信息体系等措施，我国已经建立起农产品市场流通的多重渠道和组织模式。如以协议流通方式为基础构建的新型农产品流通模式，包括企业供应链组织型、零售企业定点型、批发市场服务拓展型、连锁集团主导型等[59]。以强实力的流通主体为核心，已经建立起六种较为典型的渠道模式，它们是：销地批发市场主导型、龙头企业主导型、产地批发商主导型、中转批发商主导型、专业配送中心主导型和生产基地、农民专业合作社主导型[60]。同时形成农户对客商、农户或基地对运销大户、农户或基地对加工企业、农户或基地对农民专业合作社、农户或基地对农民专业合作社对加工企业对出口等多样性的农产品物流方式。

第二，形成以农产品批发市场为中心、城乡农贸市场为基础、直销配送和连锁超市为补充的市场流通体系。

2008年中国农产品批发市场已达4500多个，承担着全国70%以上的农产品流通任务，其中交易额在亿元以上的农产品批发市场就有1551个，交易总额约为11850亿元人民币。其中农村产地批发市场已发展到2430多个，其中蔬菜市场830个，约占34%；干鲜果市场380个，占15%；肉禽蛋市场110多个，占4.5%；水产品市场183个，占7.5%；粮食市场470多个，占19%；食用植物油市场9个，占0.3%；其他特色农产品市场250多个，约占10%。农产品批发市场已成为现代农产品流通体系的最重要组成部分[61]。"万村千乡市场工程"和"双百市场工程"取得较好效果。截至2009年，全国已经累计建成41.6万个农家店和467个配送中心，覆盖了全国85%的县、75%的乡镇和50%的行政村。"双百市场工程"实施以来，累计支持903家农产品批发市场、农贸市场和农产品流通企业完成1419个建设项目[62]。

"十一五"期间"万村千乡市场工程"效果显著。通过这项工程，农村现代流通网络框架已经形成。到"十一五"末全国已经建成农村超市53万个，覆盖全国80%乡镇和65%的行政村，成为农民得实惠、企业得市场、政府得民心的民生工程。以连锁经营、物流配送和电子商务为代表的现代流通方式在我国市场快速发展，以城区店为龙头、乡镇店为骨干、村级店为基础的农村现代流通网络正在形成。同时，农村商业设施大幅度增加。通过

实施"万村千乡市场工程"，农村商业设施总量持续增加。到
"十一五"末全国农村超市商业面积达4500万平方米，平均单店
面积87平方米；平均单店品种400多种，经营品种大幅增长。经
过标准化改造，引进超市、便利店等新型商业业态，农村商业面
貌明显改善，极大地方便了农民生活。农村的配送体系也初步建
立。在农村设立2668个物流配送中心，每个县平均拥有1个，配
送中心总面积达1700万平方米，全覆盖、多层次的农村商品配送
体系初步形成。此外，通过商品统一配送、控制商品采购渠道等
方法，为农民消费系上了"安全带"，使农村商品质量安全得到
了改善[63]。

2006年开始实施的"双百市场工程"是国家通过安排财政资
金，以补助或贴息的方式重点改造100家大型农产品批发市场、
着力培育100家大型农产品流通企业。2009年又安排财政专项资
金，对600家农产品批发市场和农贸市场的790个项目建设进行扶
持，其中包括冷链物流、质量安全追溯、废弃物处理、安全监控
系统建设等。这些被扶持的企业、市场年交易额超过5200亿元，
带动上百万人就业。

在具体农产品市场流通载体方面，根据市场发展趋势，国
家一直对冷链系统、生鲜配送、农超对接等体系建设关注很多。
2009年中央1号文件强调，推进大型粮食物流节点、农产品冷链
系统和生鲜农产品配送中心建设；支持大型连锁超市和农产品流

通企业开展农超对接，建设农产品直接采购基地；长期实行并逐步完善鲜活产品运销绿色通道政策。2010年的中央1号文件同样提出，"要大力发展农产品大市场大流通；全面推进双百市场工程和农超对接，重点扶持农产品生产基地与大型连锁超市、学校及大企业等产销对接；加快发展农产品期货市场；发展农业会展经济，支持农产品营销；大力培育农村经纪人"。2010年的《政府工作报告》指出，"加强农产品流通体系建设，积极开展农超对接，畅通鲜活农产品运输绿色渠道"。"十二五"规划纲要也明确指出，"推动农产品、大宗矿产品、重要工业品等重点领域物流发展；积极发展农产品流通服务，加快建设流通成本低、运行效率高的农产品营销网络"。

"农超对接"就是超市直接向农产品的生产者采购农产品，或者农产品生产者直接把自己生产的产品出售给超市，这种模式的出现是我国农产品市场经济发展的产物。21世纪以来，随着超市在中国的迅猛发展，它在各类生活产品供应链中扮演的角色越来越重要。虽然就利润而言，生鲜食品或农副产品经营并非超市的核心业务，但超市"以菜兴市"的运营策略决定了农副产品经营的重要性，这意味着超市的发展不可能离开生鲜上游供应链尤其是农产品生产环节而独立存在。于是连锁规模较大的以超市为代表的大规模商品销售使得农业生产和销售进入现代化大规模销售体系，农户也由生产导向的自主决策变成了市场导向的计划性决策，大规模销售体系作为市场力量的代言人在引导着农业生产活动。超市还通过农民专业合作社或产地龙头企业来采购农产品，这种模式的优点在于由于减少了农产品的交易成本、流通成本和流通时间，从而降低了超市的采购成本，更重要的是提高了农产品品质和安全性，增加了农民收入。这是我国农业生产者销售产品的一种新型模式，是农产品供应链上的一次创新和革命。自21世纪初这种销售形式出现开始，党和国家一直对其十分重视。除了中央文件和会议的精神指示，2008年2月商务部、农业部联合下发《关于开展农超对接试点工作的通知》（下称《通知》），明确指出农产品"农超对接"是减少流通环节、降低农产品流通成本的有效手段，是解决鲜活农产品卖难的根本途径，对建设农产品现代流通体制、增加农民收入和促进城乡统筹协调发展具有重要的现实意义。《通知》计划到2012年试点企业鲜活农产品产地直接采购比例达到50%以上，并建立从产地到零售终端的鲜活农产品冷链系统。可以看出国家将鲜活农产品的流通作为"农超对接"的重点工作，这是由鲜活农产品自身的特点决定的。其中加强鲜活农产品现代流通设施投入，增强加工配送能力，提高经营信息化水平，培育农专合自有品牌，调整连锁超市商品经营结构等成为"农超对接"中鲜活农产品冷链流通的建设重点。

第三，农产品市场信息化建设有所加强，期货市场、拍卖交易、网上交易等新型营销方式获得初步发展。

　　首先是在硬件上加大信息化基础设施的投入，将其触角延伸到农户端，建立快速、准确、有效的农村农产品信息传播网络，建立健全信息手机发布制度，通过电子屏幕、电话语音信箱以及建立网站和电视广播、报刊等媒体，每天向社会发布信息，做好信息传递的畅通无阻。从1995年开始，农业部开通了"全国农产品批发市场信息网"，针对大类农产品建立批发价格信息日监测报告制度。2007年11月开始对全国各省、市、区的300多个县级集贸市场的粮食、经济作物和农业生产资料市场价格进行月度重点监测，建立农产品批发市场监测预警信息月度发布会制度。国家统计局则通过遍设全国的农调队，按季度发布种植意向调查、年度粮食总产量、分品种粮食总产量等生产数据[64]，说明我国已经初步建立起官方的农产品信息发布体系。此外，全国还有一部分批发市场已建立起了以"信息中心、检测中心和结算中心"为主的信息化系统。根据农业部"全国菜篮子批发市场行情信息网"统计，到2010年中国实现联网的市场有300多家[65]。如北京新发地农产品批发市场是北京市交易规模最大的农产品专业批发市场，这是一家以蔬菜、果品、肉类批发为龙头的大型农产品批发市场。其占地1520多亩，总资产11.8亿元，有固定摊位5558个、定点客户8000多家。该批发市场建立了由20多人组成的信息队伍专门负责品种、价格、数量、产地等信息的采集整理工作，全年365天不间断发布，并开通24小时咨询服务热线。信息中心还将每天所采集到的不同时段的价格信息及时传递到网络终端，与农业部、国家工商总局、商务部等有关部委的信息中心以及农博网等全国农业系统影响力较大的专业网站联网，通过这些网站及时地将信息传递给农民。此外，新发地市场还建造了监控系统中心，建立电子结算中心，成立配送中心，搭建B2B电子交易平台，通过建立农产品全程可追溯制度、强化市场准入制度等方式对该市场旗下的农产品交易进行管理和引导。

其次，培育了多层次的信息主体，并逐渐建立高效的农产品流通信息服务体系。鉴于我国农产品物流主体多元化并存的局面，已经逐步建立起针对不同主体的信息体系。如作为中介性质组织的农协、合作社等组织，能够提供产品供销信息、最新农业技术信息、农资信息等直接向农户对接的基础信息。对于批发市场、农贸市场等流通载体，它们的信息化建设主要突出其基础设施的建设和功能的提升，以实现电子化交易、自动化操作等，并能够通过其自身所处的位置，为交易者提供全方位的价格信息，从而指导生产与交易。

此外，农产品拍卖交易是在批发市场的基础上衍生出来的新型交易方式，这种方式形成的价格公正、透明、合理等特性，科学地反映了农产品市场的供求关系，能够有效引导农民进行生产。电子交易市场是我国在"十一五"期间所推动发展的现代化流通方式，这其实是一种网上远期交易形式，即"准期货"交易。还有农产品期货市场也是此间发展起来的一种农业商业交易形式。

总之，在21世纪的头10年中，通过对于农产品流通市场体系的构建和体制改革，我国的农产品流通数量以及规模不断扩大，同时还注重与国际农产品市场逐步接轨。加入世贸组织以来，我国农产品对外贸易程度不断提高，农产品贸易总额持续增长，农业贸易依存度逐年增加。2011年4月，商务部、财政部联合印发《关于2011年开展农产品现代流通综合试点有关问题的通知》（下称《通知》），决定在江苏、浙江、安徽、江西、河南、湖南、四川、陕西等省开展农产品现代流通综合试点，探索建立完善高效率、低成本、低损耗、安全通畅的农产品现代流通体系。《通知》还确定了2011年农产品现代流通综合试点工作的三项任务：第一是加强农产品流通基础设施建设；第二是打造稳定的现代化农产品流通产销链条；第三是推行农产品品牌化。此次政策引导开启了我国现代农产品流通体系建设的新篇章。

注释

[1]　王澜明、邹锡明等：《问民哪得乐如许，只因惠民新政来：取消农业税后陕西关中农村调研手记》，《农民日报》2005年11月10日第2版。

[2]　中共中央文献研究室编：《十六大以来重要文献选编（中）》，中央文献出版社2006年版。

[3]　杨伯峻编著：《春秋左传注（修订本）》，中华书局1981年版，第

1642页。

[4] 杨伯峻编著：《春秋左传注（修订本）》，中华书局1981年版，第699页。

[5] [汉]司马迁：《史记会注考证》，新世界出版社2009年版，第144页。

[6] 徐世钜：《中国赋税史纪略》，中国财政经济出版社1991年版，第2—3页。

[7] 孟小鹤、孟宪刚：《我国农业税的演进过程》，《辽宁税务高等专科学校学报》2007年第2期。

[8] 中共吉安市委党史工作办公室编：《中国共产党吉安历史·第一卷（1921—1949）》，中共党史出版社2011年版，第110页。

[9] 左云县志编纂委员会编：《左云县志》，中华书局1999年版，第458页。

[10] 巴志鹏：《新时期中国农民负担的历史演变》，《党史文苑（学术版）》2006年第18期。

[11] 国家税务总局农业税征收管理局编：《中华人民共和国农业税收文件汇编（2003年版）》，中国税务出版社2003年版，第245页。

[12] 王振川主编：《中国改革开放新时期年鉴（2003年）》，中国民主法制出版社2015年版，第1049页。

[13] 全国人民代表大会常务委员会法制工作委员会编：《中华人民共和国法律（2008年版）》，中国民主法制出版社2008年版，第1106页。

[14] 张邦松：《减免农业税：乡镇财政再变局》，《新闻周刊》2004年第11期。

[15] 杨学良、杨晓林：《山东精简半数以上乡镇机构》，《中国财经报》2005年7月12日第2版。

[16] 陈延、姚巨才：《宁夏乡镇精简节支9000万》，《中国财经报》2006年9月2日第1版。

[17] 本书编委会：《2017中华人民共和国农业法律法规全书》，中国法制出版社2017年版，第27页。

[18] 水利部农村水利司供稿：《各地农田水利基本建设情况》，《中国水利》2004年第23期。

[19] 罗兴佐：《水利，农业的命脉：农田水利与乡村治理》，学林出版社2012年版，第65页。

[20] 罗兴佐、刘书文：《市场失灵与政府缺位——农田水利的双重困境》，《中国农村水利水电》2005年第6期。

[21] 罗兴佐、刘书文：《市场失灵与政府缺位——农田水利的双重困境》，《中国农村水利水电》2005年第6期。

[22] 刘铁军：《小型农田水利设施治理模式研究》，《水利发展研究》2006年第6期。

[23] 胡继连、苏百义、周玉玺：《小型农田水利产权制度改革问题研究》，《山东农业大学学报（社会科学版）》2000年第3期。

[24] 罗义云：《农田水利市场化供给面临的问题及对策》，《调研世界》2008年第10期。

[25] 武都县农业办公室：《效应缘于机制创新：玉皇乡农民自筹资金办水利的调查》，《甘肃农业》1996年第11期。

[26] 刘铁军：《小型农田水利设施治理模式研究》，《水利发展研究》2006年第6期。

[27] 周晓平、王宝恩、由国文、朱东恺：《基于和谐用水的组织创新：农民用水者协会》，《水利发展研究》2008年第2期。

[28] 邓小平：《邓小平文选·第三卷》，人民出版社1993年版，第274页。

[29] 林宏程：《关于农业科技体制改革与农业产业化发展的思考》，《广东农业科学》2011年第4期。

[30] 张改清：《对我国农业科研体制创新不足的制度经济学思考》，《技术经济》2003年第6期。

[31] 梅建明、靖玉新：《农业技术创新的障碍及对策》，《上海经济研究》2002年第4期。

[32] 戴小枫、张振华、边全乐：《关于中国农业科研性质与深化体制改革的若

干思考》，《中国农学通报》第23卷第10期。

[33] 胡瑞法、梁勤、黄季焜：《中国私部门农业研发投资的现状和变化趋势》，《中国软科学》2009年第7期。

[34] 周波：《浅析政府农业科技推广职能的缺失》，《福建论坛（人文社会科学版）》2009年第8期。

[35] 蒋和平：《我国农业科技园区特点和类型分析》，《中国农村经济》2000年第10期。

[36] 刘颖芳、胡桂兰、寇建平：《大力发展绿色证书培训，建立农民培训长效机制》，《农业科技管理》2007年第2期。

[37] 徐柏园编：《新农村建设与市场热点研究》，中国商业出版社2012年版，第69页。

[38] 本书编写组：《中国共产党第十六次全国代表大会文件汇编》，人民出版社2002年版，第22页。

[39] 倪文、郭妍：《我国农业产业化经营模式的构建及评价》，《商业时代》2012年第10期。

[40] 中国农业综合开发年鉴编辑委员会：《中国农业综合开发年鉴（2004）》，中国财政经济出版社2005年版，第5页。

[41] 本书编委会：《中华人民共和国农业法律法规全书》，中国法制出版社2017年版，第41页。

[42] 石红梅：《农业产业化与特色农业的发展——以安溪茶产业发展为例》，《农业经济问题》2007年第4期。

[43] 刘兰艳、王恒建：《以特色产业为龙头，推动农业产业化发展》，《现代农业》2011年第8期。

[44] 马德秀主编：《上海城乡经济社会发展一体化难题破解研究》，上海交通大学出版社2009年版，第229—230页。

[45] 韩俊：《中国农民专业合作社调查》，上海远东出版社2007年版，第8页。

[46] 陈锡文：《以农民为本，是农业农村发展之本》，《人民日报》2012年9

月14日第6版。

[47] 刘艳梅：《论WTO规则与中国农业对外贸易》，《社会科学辑刊》2003年第5期。

[48] 李春海、张文、彭牧青：《农业产业集群的研究现状及其导向：组织创新视角》，《中国农村经济》2011年第3期。

[49] 赵建华：《农产品绿色壁垒制度化与发展绿色农业战略研究》，吉林大学博士学位论文，2008年。

[50] 祁建平、王琦霞：《河北张家口市大力推行农业标准化提升农产品品质：蔬菜出口翻番，农民收入增加》，《中国质量报》2008年1月7日第2版。

[51] 赵尔烈：《我国农产品流通的发展现状和趋势》，《中国供销合作经济》2003年第12期。

[52] 邓若鸿、陈晓静、刘普合、于朝江：《新型农产品流通服务体系的协同模式研究》，《系统工程理论与实践》2006年第7期。

[53] 高平、李志萌：《建立现代农产品市场流通体系研究》，载危朝安、肖四如等编：《跨越与重构："三农"问题研究》，江西人民出版社2004年版，第190页。

[54] 李春成、李崇光：《完善我国农产品流通体系的几点思考》，《农村经济》2005年第3期。

[55] 汪旭辉：《农产品流通体系现状与优化路径选择》，《改革》2008年第2期。

[56] 李志萌：《现代农产品流通体系的构建与完善》，《农林经济管理学报》2005年第1期。

[57] 国家发展计划委员会、国家经济贸易委员会、农业部、财政部、中国人民银行、国家工商行政管理总局：《关于加快农产品流通设施建设的若干意见》，《工商行政管理局》2003年第4期。

[58] 冯伟：《我国农产品流通模式与体系建设分析》，《农村金融研究》2011年第11期。

[59] 王勇、孙美玉、王艺璇、王风宏：《构建新型农产品协议流通模式》，

《农业经济》2010年第1期。

[60] 郭崇义、庞毅：《基于流通实力的农产品流通模式选择及优化》，《北京工商大学学报（社会科学版）》2009年第4期。

[61] 王斌、于淑华：《中国农产品流通发展报告（上）》，《中国流通经济》2009年第1期。

[62] 倪秋萍：《我国农产品流通体系发展现状及对策》，《技术与市场》2011年第7期。

[63] 蔡春红：《"十二五"期间应进一步巩固和推进"万村千乡市场工程"》，《中国经济时报》2011年5月26日第8版。

[64] 刘文涛、黄萍等：《农业信息化助推新兴市场建设》，《中国农村经济》2008年第9期。

[65] 李新、王家农、王昕：《移动通讯在农产品市场信息服务中的应用》，《农业网络信息》2010年第4期。

硕果盈枝，继往开来

〔第四章〕

农业现代化建设的新步伐

（2012—2018）

　　2012年11月8日，中国共产党第十八次全国代表大会在北京召开。十八大报告强调，解决好农业、农村、农民问题是全党工作重中之重，城乡发展一体化是解决"三农"问题的根本途径。坚持和完善农村基本经营制度，构建集约化、专业化、组织化、社会化相结合的新型农业经营体系。进行土地流转机制改革，提高农民在土地增值收益中的分配比例。加快完善城乡发展一体化体制机制，促进城乡要素平等交换和公共资源均衡配置，形成以工促农、以城带乡、工农互惠、城乡一体的新型工农、城乡关系。十八大的召开是新时期我国农业发展的又一个里程碑。短短5年来，在土地流转、培育新型农业经营主体、供给侧改革以及"互联网+"促进农业产业链转型升级等方面获得重大进步，中国迈入农业现代化建设的新时代。

第一节

完善土地流转机制，培育新型经营主体

　　自改革开放以来我国农村实行了以家庭联产承包责任制为主的农业生产责任制，广大农民的生产积极性迅速提高，农业生产力也有了很大的进步，国家也多次强调完善土地承包机制，切实维护农民对于土地的使用权和经营权。与此同时，改革开放以来，特别是跨入新世纪以来，随着工业化、城镇化的深入推进，由于农村劳动力的大量转移，专业劳动力数量减少、素质结构性下降等问题日益突出，同时农村土地也面临着细碎化分布影响生产效率、抛荒率严重等情况。为了解决城市化带来的农业劳动力转移等一系列问题，也为了切实提高农业生产力水平和提高农民收入，党和国家从进入新世纪以来就开始对土地流转和培育新型农业经营主体甚为关注。十八大以来，党和国家更为重视完善土地承包责任制和流转机制，培育多样的新型经营主体，以此来促进适度规模经营，使其成为新时期中国提高农业综合生产力和实现农业现代化的重要支点。

一、完善土地流传机制，助力适度规模经营

　　土地流转是指土地使用权流转，指的是拥有土地承包经营权的农户将土地经营权（使用权）转让给其他农户或经济组织，即保留承包权但转让使用权。它是适应市场经济不断发展、农民就业选择性持续增强的需要，更是推进农业现代化、新农村建设的需要。20世纪80年代特别是90年代以来，由于农业劳动力转移、土地细碎化分割、土地撂荒情况严重等现实因素摆在面前，农户将分散的土地集中起来形成一定规模的经营，土地承包经营权的互相流转是当时最合法有效的手段。自从20世纪80年代中期以来，中央政府通过一系列土地政策，不断鼓励、激活土地承包经营权的市场流转，以期达到扩大农业经营规模、提高劳动生产率、改善农民生活水平的目的。但是这些政策似乎没有收到预期效果。[1]党的十七届三中全会指出，加强土地承包经营权流转的管理和服务，建立健全土地承包经营权流转市场，按照自愿、有偿原则，允许农民以转包、出租、互换、合作等形式流转土地承包经营权，开展多种形式的适度规模经营。2010年中央1号文件要求加强土地承包经营权流转管理和服务，健全流转市场，在依法、自愿、有偿的原则，引导土地承包经营权流转，发展多种形式的适度规模经营。各地加速了农村土地流转的进程，为建立农村新型土地经济关系提供了大量的实践经验。当然这一过程中不可避免地会出现诸如农民非农就业扩大、农业生产集中化、规模

化等新情况，还伴随有土地流转行为不规范、流转机制不统一、流转规模仍然很小、各地区发展不平衡等新问题。[2]

为了应对出现的新情况，2013年中央1号文件对土地流转和规模经营做出了更为全面的安排：一是要求引导农村土地承包经营权有序流转，支持和鼓励承包土地向专业大户、家庭农场、农民合作社流转，发展多种形式的适度规模经营；二是鼓励农村采取互利互换方式解决承包地块细碎化问题，发展规模经营；三是强调土地流转的"四个不"，即不搞强迫命令、不损害农民权益、不改变土地用途、不破坏农业综合生产能力；四是规范土地流转程序，逐步健全县、乡、村三级服务网络，强化流转服务。

2016年10月30日，中共中央、国务院发布《关于完善农村土地所有权、承包权、经营权分置办法的意见》（下称《意见》），这是继实行家庭联产承包责任制以来农村土地制度的第二次重大改革创新，《意见》提出了确保所有权、稳定承包权、搞活经营权的原则，科学界定了"三权"的内涵、权利边界和相互关系，不断健全归属清晰、权能完整、流转顺畅和保护严格的农村土地产权制度，巩固和完善农村土地的基本经营制度，推动现代农业发展。2017年发布的中央1号文件也明确提出在土地流转中，支持经营权的流转、股份制的合作、代耕和代种以及土地的托管等多种形式的土地适度规模经营。

在一系列文件的指导和支持下，中国农村新时期土地流转在实践中不断前行。截至2016年6月，全国农耕地流转面积达到4.6亿亩，超过耕地总面积的三分之一。研究表明，我国农村土地不断流转速度加快，从广东、江苏和浙江等沿海发达地区向内陆地区发展，土地流转幅度明显增大，方式也呈现多样化。在经济发达的地区，主要流入的对象是工商企业和种植业大户；经济欠发达地区的流转则主要在农户与农户之间进行。[3]土地流转的好处是显而易见的，那就是使撂荒的地有人种，愿意多种地的人有地种，分散的土地集中经营，总的来说是要达到中央和国家一直都在强调的"土地适度规模经营"的生产目标。各地在长期的探索中因地制宜，形成了多种土地流转的典型形式。

1. 农村土地互换，是指村集体经济组织内部的土地承包方为了便于耕种或者规模种植的需要，交换自己的承包地，将土地承包经营权也进行相应的交换。这主要是基于农户与农户之间的土地互换方式，也是出现最早的、最为普遍的一种基于个体或家庭单位的土地流转形式。早在20世纪80年代家庭联产承包责任制实行初期，农户之间就零星有此行为。其主要原因应该是当时第一轮家庭联产承包责任制以"兼顾公平、体现平等"为农户承包地分配准则，以肥瘦远近搭配为主要手段，没有考虑到发展与规模经营，使很多农户分配到的土地单块面积小、地块细碎、分布零散，不利于经营。实践证明，农村普遍存在的零星分散地块的细碎化经营越来越成为发展现代农业、提高农民务农收入的制约因素。为此2013年的中央1号文件指出："结合农田基本建设，鼓励农民采取互利互换方式，解决承包地块细碎化问题。"在此前后，按照中央的政策和精神，全国都进行了针对土地单块面积小、分散经营而调整的土地互换流转活动。如安徽省蒙城县从2010年开始，农民自发开展农村土地互换并块；在此基础上，政府在2011年起开始逐步扩大土地互换并块户均"一块田"工作试点，取得一定的成功经验。通过土地小块并大块，从根本上破除了土地零碎、面积较小、不利于耕作的局面[4]。同时值得注意的是，在新时期以来土地互换的流转形式更为复杂的情况下又衍生出更多的由政府引导的农村土地互换形式。如2007年9月起，重庆市江津区率先开展农村集体建设用地置换试点。该区将农村建设用地复垦为耕地，以解决城市建设用地为核心的将农村建设用地减少与城市建设用地增加挂钩的做法，这就是为人所熟知的"增减挂钩"。

2. 农村土地出租，是指农民签订租赁合同，将其所承包的全部或部分农村土地租赁给农业生产大户、农业产业化龙头企业或合作社。土地出租不改变农村承包关系，原来承包土地的农户继续按照原有的土地承包合同履行义务和享受权利。这种形式其实最初来自20世纪90年代零星出现的"反租倒包"，意思是在农民自愿的基础上，由乡、村集体把农民承包的责任山、田或水面反租过来，由乡、村集体确定种、养计划，并再倒包给有能力进行规模开发的农户，而原土地承包户可以从中得到相应的租金和劳务工资。这种方式其实是在20世纪90年代中期以来各地诸多农村劳力外出务工、经商的情况下，土地由集体代为经营和管理的一种农业生产方式。这样既有效地防止了土地抛荒、弃耕等现象的发生，又使得土地资源利用率明显提高。如较早实行这一土地流转形式的江西省上犹县推行这种方法开发荒山造林种果，总面积达17万亩，增加直接经济效益达亿元，农民人均收入增加85.5%。[5] "反租倒包"在一开始实行时，由于规章制度不健全，存在着一些侵害农户土地权益等负面影响。因此，在2001年12月30日，《中共中央关于做好农户承包地使用权流转工作的通知》明确指出，土地流转的主体是农户，土地使用权流转必须建立在农户自愿的基础上，由乡镇政府或村级组织出面租赁农户的承包地再进行转租或发包的反租倒包，不符合家庭承包经营责任制度，应予以制止。2008年的中央1号文件更明确提出纠正和制止"反租倒包"行为。核心依据是部分地区以公共利益之名，借反租倒包强制性推动土地流转，侵犯农户土地承包权益，私自改变土地用途，产生了极其恶劣的社会影响。[6]

新世纪以来，由于国家对于农业产业化和龙头企业的提倡和扶持，以及国家农地政策变化、村干部权力行为得到限制、村民土地经营状况发生分化等，更多的"反租倒包"由原来主要倒包给有能力开发的农户，发展为倒包给更集中经营和多样化性质的农业生产大户、农业产业化龙头企业或合作社。各地也建立针对反租倒包整个过程的公开机制，使农民充分了解相关信息，在此基础上做出决策；同时采取规范流转行为，农户、龙头企业和专业大户之间的土地使用权流转在平等自愿的基础上通过合同的形式确立起来。这就是"反租倒包"在新时期的创新，也就是其"进阶版"——"农村土地出租"，主要由龙头企业向农户"反租"土地使用权，形成生产、加工、销售一体化经营。在此过程中有契约式的合同保障，在村集体的职能转换形势下，农户和龙头企业直接发生联系，土地出租真正在村民自愿、村社依法统合、倒包以后经济效益有未来等底线之上进行，此时的土地出租才真正成为流转行为，对于实现适度规模经营和农业产业化都有着重大的意义。

3. 农村土地股份合作，是属于村集体经济组织内部的一种产权制度安排，也就是在按人口落实农户土地承包经营权的基础上，按照依法、自愿、有偿的原则，采取土地股份合作制的形式进行农户土地承包使用权的流转。这种股份制一般实行"一人一票"的决策机制和民主化企业管理，以入股的股权确定股东持股比例，作为股东分红的依据。这种土地流转的典型代表有将农户土地承包经营权股权化的"广东南海模式"，还有以"户户合股、村户合股、村村合股"为主要运行方式的"浙江武义模式"，以及以"大户开发、农民种地、并地分营、农民受益"为特点的"河北省青县模式"和"苏州模式"等。

广东南海的土地股份制改革试验开始于1992年。当时大量资本注入广东，开发区大量兴起，南海土地也被大量征用，地价开始飞涨，农民"惜地"倾向日益强化，传统的农业经济与当时正在开启的农村工业化产生了巨大的冲突和矛盾。这种矛盾的具体显现就是，由于土地价格的飞涨，农民不愿意放弃土地，原来部分农转非的农民还要求倒流回农村；同时由于土地的产权分散在自然村和农户手中，制约着乡镇一级政府进行农村工业化建设，分散的土地分配现状也不利于当地的适度规模经营。在各种矛盾日益凸显之际，南海县罗村镇下柏行政村把工业与商业的股份合作制度引入到农村土地经营体制。具体来说，就是把已经分包到户的土地和集体组织的其他财产统一集中到行政村的农业发展股份有限公司。全部土地集中后，行政村将土地划分为基本农田保护区、工业开发区和商贸住宅区，进行统一规划和开发。同时，按照年满16周岁以上的农业人口各分配一个土地股份，16周岁以下的分配半个股份的标准折股到人。公司保证按国家当年粮食收购价的80%每人每月供应15公斤稻谷，每年给予每股400元以上的现金分红。1993年初，南海进一步扩大了试点范围，到1994年年底全市共建立土地股份合作组织1590个，占到区社总数的96%。截至2007年，南海已经先后建立农村股份合作组织近2000个，其中以村委会为单位组建集团公司的有200个，占到该市村委会总数的近80%；以村民小组为单位组建股份合作社1800多个，占到全市村民小组的99%。[7]

南海模式的实质是将农户土地承包经营权股权化。此外，农村土地股份制还有将村集体土地与村集体经营性资产一起折股量化和农户以土地承包经营权参股等形式。如大连向应现代农业园区采取集体土地、资金及农业设施和农民承包土地得而全部或部分折价入股作为企业投资，2001年成立大连向应农业发展有限公司。按农民"入股自愿、退股自由"的原则，经全体村民代表讨论，公司成立了股东大会、董事会、监事会。村民以地入股，村集体以统一经营的基地用地和水利配套设施、温室大棚等入股，约定公司有效经营期为10年。采取保底收入、盈利分红等形式回报村民。[8]

总之，土地股份合作制的实施使农用地的产权界定更加明晰，切实保障了农民的土地权利；同时农民以土地入股，参与收益分红，不再亲自参与农业生产，促进了农业劳动力向非农产业转移，有利于土地的连片经营。

土地问题是今日中国"三农"问题的关键，制定恰当的土地政策，在现代化进程中制度性而非强制性地减少农业人口，同时推进农业产业化和适度规模经营，是农业现代化发展面临的重要任务。但是也不应该忽略，在尚未给农民提供安全保障，尤其是在金融危机的环境下加快土地流转，使土地集中成为一定规模的农场，虽然可以在一定程度上带来产量的提高，但若由此节约出来的劳动力却找不到生产性的出路，这样的后果也是不利于社会安定的。[9]因此，在生产效率和产量不断提高的局面之下，如何为节约出来的劳动力提供更多的就业机会，从而使劳动力的有效就业成为生产力发展的有利补充，是未来需要着力解决的问题。这意味着我国在土地流转层面还有很多的制度和政策需要设计，还有更多的创新模式需要探索。

二、培育新型经营主体，稳定提高综合生产力

"农业生产经营主体"的意思是生产和经营由谁来主导，这是生产力中最活跃的因素。改革开放以来，中国的农业经营主体已经由改革初期以较为相似的家庭经营农户为主的格局，向现阶段多类型经营主体并存的格局转变。[10]发展现代农业需要新型农业生产及经营主体，这是由现阶段我国的农业生产力和生产关系决定的。改革开放以来，特别是跨入新世纪以来，随着工业化、城镇化的深入推进，农村劳动力的大量转移就业，专业劳动力数量减少、素质结构性下降等问题日益突出。为了应对这一局面，国家在新世纪以来的多个中央1号文件中对培育多样性的、现代性的农业经营主体倾注了一定的关注，2005年及2006年的中央1号文件提出支持农民专业合作社发展以及为其加快立法进程、加大扶持力度，说明了党和政府已经意识到农民专业合作社作为新

型经营主体的重要性。2007年的中央1号文件明确指出培育现代农业经营主体，积极发展种养专业大户、农民专业合作组织、龙头企业和集体经济组织等各类适应现代农业发展要求的经营主体。2008年的中央1号文件提出加快推进与农业机械化和标准化相关的农业经营主体单位建设。同年，党的十七届三中全会《中共中央关于推进农村改革发展若干重大问题的决定》提出"有条件的地方可以发展专业大户、家庭农场、农民专业合作社等规模经营主体"。此后2009年、2010年、2011年、2012年的中央1号文件都有对于经营主体的特别重视和扶持措施。特别与之前不同的是，2013年的中央1号文件在序言中明确提出，要在充分发挥农村基本经营制度优越性的基础上，着力构建新型农业经营体系。为了创新农业生产经营体制，提高农民组织化程度，文件要求尊重和保障农户生产经营的主体地位，培育和壮大新型农业生产经营组织。

关于我国新型农业经营主体的范畴，党的十七届三中全会和2013年的中央1号文件将其确定为专业大户、家庭农场和农民专业合作社三种类型。十八届三中全会将农业企业也列入新型农业经营主体范围，并确立了新型农业经营主体在推进农业产业化发展中的主体地位。新型农业经营主体是农业现代化发展的载体，具有鲜明的集约化、专业化、组织化和社会化等特点，它们的组织经营发展方式代表着农业现代化发展的不同路径，其中专业大户独立生产、经营，产品相对单一；家庭农场则以整个家庭或家族为单位组织生产经营，规模化程度比专业大户高，经营产品种类相对丰富，是当前农业产业发展较为新颖热门的组织形式；专业合作社是一种互助性质的生产经营组织，主要以龙头企业和种养大户牵头实现农户自愿、民主管理、利益共享的联合生产经营；而农业企业则是组织化程度最高的新型农业经营主体，主要表现为雄厚的经济实力、先进的生产技术和现代化的公司管理方式，是农业现代化发展的主要推力。从发展趋势来看，家庭农场和专业大户将是我国未来商品粮和大宗农产品的主要生产者；专业合作社将是农业社会化服务的主要提供者；农业企业将主要在农业产前投入、产中服务、产后收储、加工和流通领域以及规模化养殖及资源开发利用领域发挥主体作用。

如前所述，党和政府一直以来都重视将新型农业经营主体的培育和土地适度规模经营等作为农业现代化和产业化的重要目标。除了比较重要的政策精神以外，十八大以来我国各级政府及机构通过加快要素市场取向改革、转变农业扶持方式、营造农业创业就业环境等方式，满足新型主体发展要求，并不断壮大这一群体的力量。

农业生产最重要的要素就是市场与资金。中国农业新时期的一系列土地政策和金融措施，对新型主体的出现和成长都起到关键性的作用。

土地流转对于新型主体的培育具有重要作用。土地流转是规模经营的基础，由此也是农业经营体系创新发展的前提。当前我国正在积极培育和发展的新型农业经营主体如专业合作社、家庭农场、专业大户和农业企业等，虽然在耕种面积、经营种类、管理方式等方面有着较大的差异，但它们与原有的传统农业经营方式相比，共通之处在于耕种的土地规模都扩大了。于是，发展新型农业经营主体面临的首要问题就是土地的规模经营。土地托管、土地股份合作社在新时期以来已经成为农业多元化服务的创新性举措。土地托管是农户有偿把土地委托给合作服务组织、种植大户代为耕种，由"种田保姆"为农户提供从种到管、从技术到服务到物资供应的全过程或某些生产环节的服务，让农户"省时、省钱、更省心"。2013年中央1号文件下达以来，各地的土地流转全面提速，流转的主体当然主要是新型农业经营主体。十八大前后，土地流转呈现流转土地面积增长较快、流转比率呈现城镇化发展较快、流转主体相对集中、流转形式多种多样等特征，这些土地几乎都流入新型农业经营主体。如在2012年安徽省全省参与流转的经营主体为85093个，其中种养大户59322个，农民合作社18088个，龙头企业7683个，分别流转土地面积为53.3万、29.8万、16.5万公顷。[11]数据表明了土地流转对于培育新型主体的重要作用。因此，十八大以来各地在农村土地经营使用权方面，都进一步赋予村级集体和新型农业经营主体对自身土地用于农业用途的使用权和调配权。如在合理规划、留有余地的基础上，将农产品加工和仓储、农民专业合作社办公等与农业产业紧密相关的用地也视为农业用地，采取灵活政策，予以优先支持。

培育新型主体的重要要素还有金融资本。家庭农场、专业大户等新型农业经营主体，较普通农户而言，经营规模大、设备先进、管理经验丰富、销售渠道流畅，是推动农村经济发展的重要力量。他们通过投资农业生产经营项目的方式运营家庭农场或饲养禽畜，仅仅选定好投资项目还远远不够，还需要大量的前期投入，如化肥、饲料、幼崽和种子等。因此，资金是开展农业生产经营的重要保障之一。他们对于资金的需求也存在着以下特点：（1）生产集约化程度提升，融资规模加大；（2）经营品种和类型丰富，资金用途各异；（3）资金周期和回报周期不一，融资周期多元；（4）生产经营效益总体较好，贷款意愿和还款能力较强；（5）产业链联系更加紧密，金融需求日趋多元。[12]虽然政府一直以来都努力扶持一系列农村金融机构，特别是出台农村中小金融机构发展的相关政策，但这些机构普遍监管困难，存在着系统性风险，且准入制度严格，制约了农村中小金融机构的发展，使得不同的新型农业经营主体都面临着各自的投融资困境。如农村种养大户、家庭农场、农民专业合作社和中小型农业企业常常由于缺乏有效的担保抵押物，出现融资贷款困难、贷款交易成本高以及贷款手续复杂等问题，导致新型农业经营主体培育过程中的资金需求无法得到满足。[13]此外还有小额信贷等扶持性贷款规模较小，远远无法满足新型农业经营主体的资金需求，使它们发展缓慢。[14]种种现象都表明应该进一步加大农村金融支持力度，提高农村金融运作效率，创新农村金融运行体制，促进新型农业经营主体培育能力的提升。

十八大以来，由于党和政府对于培育新型经营主体和金融支农的进一步重视，出台了诸多关于支持新型农业经营主体的指导意见。2014年3月，中国人民银行出台《关于做好家庭农场等新型农业经营主体金融服务的指导意见》。2015年2月，为贯彻中央1号文件精神，农业部与财政部、人民银行、银监会、保监会以及主要银行保险机构商定联合发布了《金融支持新型农业经营主体共同行动计划》，主要包括开展金融保险支持农业规模化集约化经营试点、加快推动农业融资性担保机构发展、着力完善针对新型农业经营主体的保险服务、构建农业部门与金融保险管理部门和机构紧密合作的新机制、共同推动财政促进金融保险支农等内容，这些都是针对新型农业经营主体的金融支农行动。各地相关政府机构也在努力探索金融支持培育新型农业经营主体。首先，各地根据中央的政策和精神因地制宜地对本地的新型农业经营主体就他们的投融资困境进行调研和排查。其次，各地根据得到的调研数据探索适用于本地区的金融培育模式。如新疆在农业适度规模经济发展的过程中，各级金融机构根据新型农业经营主体的金融需求特点，积极创新产品和服务，涌现出一批有影响、可推广的创新模式和典型做法。其中有"金融机构+供销社+合作社"模式，以金融支持为后盾，以供销社服务网络为依托，以农专合发展为纽带，建立"农村金融、流通和市场化生产经营"三位一体农业发展模式。还有"金融机构+政府担保+合作社"模式，主要是政府职能部门根据信用体系和实际调查等资料向金融机构推荐合作社，由有政府背景的担保公司负责担保，金融机构向合作社发放贷款。"协会+担保基金+金融机构"模式的主要案例是以农牧民担保协会为平台的"布尔津"模式。此外，"金融机构+农户贷款+项目资金+企业订单"模式是龙头企业与农民专业合作社签订销售合同，以社内农户名义向金融机构贷款，并以合作社为单位申请国家项目资金扶持。另外，还有"政府融资平台+龙头企业借款""公司+种养大户+保险""公司+农户+基地"及"公司+中介组织+农户"等多种贷款模式，共同建构形式多样的农贷创新产品，提高农业生产经营组织的金融需求满足率。[15]

此外，政府还通过转变农业扶持方式，提高新型主体发展效率。这表现在一方面继续加大对农业基础性、平台性设施等的公共投入和政府扶持的力度，同时完善农业公共政策和公共投入的绩效考核；另一方面，对特定的农业扶持措施和政策，尽可能直接下达或落实到新型农业经营主体身上。此外，允许基层对政府部门的农业扶持资金和政策进行梳理和整合，提高农业扶持的效率。

各级地方政府还通过营造农业创业就业环境，壮大新型主体发展力量。调研数据表明，既然是新型的农业经营主体，"新"就是它的最大核心特征。这个"新"是不同于传统乡村世世代代耕种的农人，新时期投资农业的企业家、返乡务工的农民工、基层创业的大学生、农村内部的带头人成为新型农业经营主体的主要来源，体现了社会各界积极参与新型农业经营的发展态势。对于这些经营者，各地都努力营造良好的农业创业和就业环境，对于他们的农业经营行动给予鼓励和支持，并根据他们的不同身份背景，分类指导并提供有针对性的扶持政策。在具体实施上，一方面培养新型职业农民，对一些农村能人如家庭农场主、科技示范户、种养大户、返乡农民工等，加强市场指导、创业培训及资金支持，使其成为带动大家致富、促进当地农村发展的带头人；另一方面通过社会保障、项目扶持、金融服务、土地流转、政府补贴等多方面对"外来"的农业创业者给予支持。同时，值得注意的是，农业创业中的新型农业经营主体对农民的创业也具有重要的带动效应。因此，未来地方政府应进一步宣传好、落实好支持农业发展的政策，加快农村土地流转平台建设，促进新型农业经营主体带动能力的提升。[16]

第二节

提出供给侧结构性改革新概念，推进农业结构性调整

自从改革开放以来，我国在取得生产力进步和产量增收之后，党和政府就把产业结构调整作为农业进步的重要目标。多年的中央1号文件与农业政策都强调农业结构调整对于农业现代化实现所起的积极意义。我国的农业结构调整已经初见成效，主要表现在积极发展林牧副渔业作为种植业的补充以及提升传统种植业的生产率等方面。新形势下"供给侧结构性改革"这一概念为我国农业产业结构调整提供了新思路和新方式。

一、农业供给侧结构性改革的提出与具体内涵

"供给侧结构性改革"于2015年11月在中央财经领导小组第十一次会议上首次提出。2016年中央1号文件提出的"农业供给侧结构性改革"，是2015年12月中央经济工作会议关于供给侧结构调整与改革在农业领域的贯彻，具有极强的针对性。习近平在2016年"两会"期间参加湖南代表团审议时指出，新形势下，农

业的主要矛盾已经由总量不足转变为结构性矛盾，主要表现为阶段性的供过于求和供给不足并存。推进农业供给侧结构性改革，提高农业综合效益和竞争力，是当前和今后一个时期我国农业政策改革和完善的主要方向。这是对于当时农业发展形势的准确判断。"十二五"时期我国粮食连年高位增产、农村居民收入增幅连续大于城镇居民、城乡收入差距持续缩小的巨大成就背后，仍有一些隐忧值得思索。资源环境约束日益趋紧，农业生产成本不断抬升，国内外农产品价格倒挂日趋严重，已经到了需要加快转变发展方式的新阶段，也就是应该从结构性问题入手来对中国农业进行改革。在这一科学论断下，中国对如何推进农业供给侧结构性改革进行了多方面的探讨和实践尝试，并形成了将"去库存、降成本、补短板"作为中国农业供给侧改革的重点这样一个基本共识。推进农业供给侧结构性改革，根本上是要改变现阶段农业供给与人民群众日益增长的对高质量农产品及农业多种功能需求不匹配的结构性失衡局面，经济供给结构不合理、生产成本高、资源透支利用的问题，最终是要矫正要素配置扭曲，扩大有效供给，提高全要素生产率，提升农业质量效益和竞争力。[17]

在经济学基本理论中，"供给"和"需求"是一对对立统一的最基本概念，也是产业资本循环过程中的两个基本环节，只不过需求强调的是产品，是生产的结果；而供给更加强调要素，是生产的开始。"供给"和"需求"是经济学中的两个重要概念。

需求由"三驾马车"组成，即消费、投资和出口。供给则包括两个方面，狭义上是指生产者在某个价格水平上，愿意且能够提供的商品或劳务；广义上的供给则包括能够推动生产率提升、经济发展的供给侧的因素，包括经济活动主体、生产要素、技术进步、结构变迁（工业化、城市化等）、制度管理变革等内容。不同于从消费、投资或出口的总需求端进行调控，供给侧改革是将上述供给侧的因素作为宏观调控的着力点，通过各种措施增强经济的总供给能力；推动经济结构的转型升级，从而创造新供给、释放新需求，打造经济可持续发展的新驱动力量。

"农业供给侧"是个多元素和多组合的关联性系统结构，这一系统不仅包含了产品（初级产品、加工产品、服务产品）与要素（土地、劳动、资本、技术以及自然资源）的关联结构，而且也包含与此相关的制度（产权、合约、文化、组织、政策、法律等）安排结构。在这些构成供给侧的多元素和多组合的关联结构中，土地、劳动、资本、技术以及自然资源，是供给的物质基础和潜在能力，通过这些要素的不同组合，形成消费者所需求的实物产品和服务产品，然后通过一定的交易机制，完成供给和需求的转换。

虽然在2015年之前我国的农业经济学界并没有"供给侧"一词，但这并不代表"供给侧"作为经济运行的重要支撑就不存在。根据学者的分析，自改革开放以来我国农业经历了三次供给侧重大结构调整与改革。第一次是20世纪70年代末期，农产品供给不足下的农业经营制度和价格改革；第二次是20世纪80年代中期，农产品供给结构单一下的产业结构调整；第三次是20世纪90年代中期，农产品供给过剩下的农业战略性结构调整。[18]由此可以看出，农业供给侧改革自从改革开放以来就一直为国家农业经济发展的重要内容，只是之前"供给侧"这一词汇没有出现而已。这也深刻体现出，农业供给侧的改革实质上就是农业调控体制、农业经营制度以及农业要素制度改革等相互配合的改革进程。推进农业供给侧结构性改革的核心就是围绕市场需求进行生产，优化资源配置，扩大有效供给，增强供给结构的适应性和灵活性，使农产品供给更加契合消费需求，更加有利于资源优势的发挥，更加有利于生态环境的保护，真正形成更有效率、更有效益、更可持续的农产品有效供给体系。

农业供给侧结构性改革是一个时期以来农业结构调整的"升级版"，也是加快农业发展方式的"总抓手"。根据中央对于农业供给侧改革的一系列文件来看，推进农业供给侧结构性改革应该突出强调"调结构、提品质、促融合、降成本、去库存、补短板"六项重点任务，而各地对于农业供给侧改革的实践也在这六方面做足了文章。

"调结构""促融合"，就是一直老生常谈的"农业结构调整"，其本意和立足点是优化农业生产的品种结构和优化经营体系结构，这是一个较为重要和复杂的农业实践过程，详细情况我们留在后面来说（见本节二、新形势下农业结构调整实践）。

"提品质"，就是着力提升农产品质量安全水平。新时期以来我国农业面临的重要危机就是食品安全。农业生产食品安全的隐患主要由两方面造成：一是农业生态环境污染带来的天然的农产品污染；二是由于生产过程质量控制等因素而造成的食品品质不合格。因此，各地在农业供给侧结构性改革的实践中，对于农产品质量安全水平等方面也做足了功课。一方面在农业生产中，各个生产单位已经开始注意强化食品和农产品安全监管，健全从田头到餐桌的农产品质量和食品安全监管体系，保障人民群众"舌尖上的安全"。其中最为典型的就是我国绿色食品的发展态势。在农业部《绿色食品产地环境质量标准NY/T391-2000》中，将绿色食品定义为遵循可持续发展原则，按照特定的生产方式生产，经专门机构认定，许可使用绿色食品标志的无污染的安全、优质、营养食品。近年来，在居民收入增长和消费理念升级，以及国家提倡食品安全等农产品供给侧结构性改革的社会背景下，我国绿色食品产业快速发展。2015年全国有效使用绿色食品标志的企业总数已达9579家，产品数量为23386种，年销售额已达4383.2亿元，分别比2011年增长45%、39%和40%。据统计，2016年绿色食品企业总数已经突破1万家，产品总数接近2.5万种，增长势头良好。[19]数据还显示2016年我国已有489个单位建立了696个涵盖蔬菜、水果、茶叶、食用菌等绿色食品原料标准化生产基地，总面积达1170万公顷。[20]与此同时，已经对接企业2716家，带动农户2198万户，每年直接增加农民收入15亿元。这是基于农产品安全生产本身的提升品质工作。另一方面是在此基础上，适应消费升级的需要，大力推进标准化生产、品牌化经营，调优品质，培育品牌，做大让人信得过的品牌，以品牌担保品质，让优价激励优质，提高消费者对农产品供给的信任度。通过以上论述可见，"提品质"已经成为农业供给侧结构性改革中的新亮点，这是直接关系国计民生的大事，也是对于近年来食品安全事件的有力整改方向。

"去库存""降成本"都是农业供给侧结构性改革中不可或缺的重要方式。

"去库存"是针对当时我国越来越多的农产品供给数量相对充裕的情况，解决供给数量和水平与消费者对于国内农产品的需求不平衡的问题。具体来说就是不仅粮棉油糖供给库存水平高，而且过去一些供给偏紧的农产品如牛羊肉供给数量也相对充裕；特别是受到国家粮食托市收购以及国内农产品生产规模偏小和成本相对较高等因素影响，国内多数农产品价格明显高于国际市场，出现了国内生产的粮食等成为国内储备而国内的消费需求依靠国外进口等的困境[21]。由此迫切需要通过推进农业供给侧结构性改革来解决国内库存以及市场出清等难题，也就是说必须将国内生产数量过多、质量不高和卫生安全保障性差且又耗用大量农业稀缺资源的农产品调减下来。[22]因此，去库存其实就是改善产品不平衡的供求关系。在近几年对于"去库存"的攻坚战中，对于玉米的去库存是一个典型的案例。黑龙江是玉米生产的大省。近些年来由于农业生产效益的稳步增长，使得黑龙江各地玉米种植面积不断扩大，以及玉米销售方的累计增加；但同时由于玉米价格的不断下跌使得玉米销售行情变淡，再加之黑龙江省玉米深加工产业供给不足，导致玉米严重过剩，由此成为去库存的重点对象。自从国家提出农业供给侧结构性改革以来，玉米去库存取得明显效果。从2017年春秋两季东北玉米调研情况来看，通过减少种植面积、临储拍卖、注重深加工等方式，国内玉米产量下降1000万吨左右，与之对应的是，需求继续增加，尤其是深加工行业增加速度较快，玉米开始出现产需平衡的格局，年度结转库存有所下降。同时，国家也对玉米的收储机制进行改革，从原先的临时收储制度调整为"市场化收购+补贴"的新机制。也就是说与以往国家保底收购不同，政府将定价权还于市场，农民自行选择市场售出，价格随行就市。这一政策的出台意在反映农业市场的供求关系，增加价格调节弹性，在去库存方面这项改革的积极效益逐渐显现出来。

农业供给侧结构性改革的另一项重要内容"降成本"就是着力降低农业生产经营成本。农业生产经营成本一般由几方面组成：一是生产资料成本，二是劳动用工成本，三是融资成本，四是税费成本，五是营销物流成本，六是管理服务成本。这些都是农业生产经营不可少的投资。但是近年来，资源要素趋紧提高了使用成本，也就是土地资源要素上的地少人多，使得耕地紧缺；再加上由于受就业择业观念、农村大量劳动力外出务工等因素影响，优秀劳动力紧缺。此外，农业转型升级客观上扩大了物质装备投资，生产经营方式不尽合理造成部分投入经济效益不高等都是新时期以来农业成本趋高的重要因素。[23]对此各地的做法是：第一，适度规模经营，降低平均成本。通过培育新型经营主体，带动适度规模经营发展；以农地制度创新引导土地股份合作制，通过农地入股分红等节约租金成本；通过体制机制创新如采取贷款贴息、风险补偿、融资增信、创投基金、农业保险等方式，降低融资成本。第二，发展农业科技，降低多元成本。农业科技进步首先可以提高生产率。如新兴的"3R"技术从节水、节地、节肥、节料、节能等多方面入手，可减少农业生产资料投入、降低物化成本。精准施肥、测土配方施肥等技术可在不减少产量的情况下，使化肥施用量减少20%～30%、总成本降低15%～20%。此外，农业机械化可降低劳动力成本。我国2014年农业劳动生产率是2000年的6倍多，新一轮科技革命为我国农业转型升级注入强劲驱动力。第三，创新经营体系，降低交易成本。坚持农业与二、三产业融合发展，完善农业产业链条，打造现代农业产业体系，创新农产品流通方式，降低农产品流通的物流成本。发展农业产业化示范基地和现代农业示范区等产业集群，减少交易主体的搜寻成本；通过"互联网+现代农业"方式，广泛运用现代信息技术，降低交易中的信息成本；整合、延伸农业产业链，通过签订长期合作合同等降低议价成本、决策成本和监督成本。第四，推进绿色农业发展，降低污染成本。实施农业生态保护和修复，完善环境突出问题总体规划；按照绿色增产模式要求，扩大测土配方施肥、精准施肥应用范围[24]，全面推广减药、控水等一体化技术，实现化肥农药零增长；管控工业和城市污染转移排放，降低外源性污染流入农业。第五，建设农村公共财政，依托财政"挤出效应"降低农户投入成本。"挤出效应"是指政府支出增加所引起的私人投资降低的效果。由于我国农业基础设施和基本公共服务相对落后，农户自身投入居高不下，成为制约农业发展的短板。近年来，通过农田水利技术设施建设和高标准的农田建设，不仅有利于增加有效灌溉面积、提高农田灌溉水利利用率，还有利于提升农业综合生产能力。现代农业示范区、农产品加工物流园区、农业产业化示范区等建设可以产生集群效应，这些都是通过整合资金，通过金融等投入为农户提供更多公共物品，使得农户私人投资减少从而使农业生产成本降低。[25]

二、新形势下农业结构调整实践

农业产业结构主要是指大农业内部种植业、林业、畜牧业、渔业之间的结构关系。自改革开放以来，我国在取得生产力进步和产量增收之后，党和政府就把产业结构调整作为农业发展的重要目标。多年来的中央1号文件与农业政策都强调农业结构调整对于农业现代化实现所起到的积极意义。在党和政府以及农民的努力下，我国的农业结构调整已经初见成效，主要表现在积极发展林牧副渔业作为种植业的补充以及提升传统种植业的生产率等方面。20世纪80年代以来，我国的农业结构调整政策以1998年、2013年为界，大致可以划分为三个阶段。其中1985—1997年之间是需求导向下的农业结构调整阶段。这一阶段，以市场为导向的农业结构调整加快推进，粮食作物和经济作物的配置趋向合理，林果业、畜牧业、水产业比重上升，乡镇企业突飞猛进，工业、采矿业、建筑业、运输业、商业和其他服务业获得迅速发展。原来那种单一经营和城乡分割的产业结构已经渐渐被突破，农村经济正转向多部门综合经营。1998—2012年，是农业结构的战略性调整阶段。随着农业和农村经济的发展，农业结构调整的内容和重点也在不断变化。[26]

党的十八大以来，在新形势下，农业结构的战略性调整被赋予了新的内涵，自2013年起，我国农业结构调整进入一个新的阶段。也就是说在城乡统筹发展和"三化同步"推进过程中，在需求结构、就业结构以及农村社会结构变迁背景下，我国农业发展正向现代农业方向转型。传统农业只包括农、林、牧、渔一级产业，随着农业经济和现代社会的发展，农业已经逐渐在突破原来的传统结构，向加工、制造、观光、休闲等领域拓展，农业随之变成包含第二产业和第三产业的"大农业"。农业产业结构也有了新的划分方式，农林牧副渔原始产业被称作农业的第一产业；农副食品加工、饮料生产、食品生产、木材加工、皮革加工等作为农业的第二产业；农产品流通、农业观光、休闲、农庄、技术推广等作为农业的第三产业。[27]在如上的"大农业"视角下，新时期的农业结构调整自然也将由传统的农业结构调整转变为现代农业的战略性结构调整。它不仅涉及产业结构的调整，还涉及需求结构、要素结构（包括就业结构）和组织结构的调整，是与农业有关的多样结构调整的过程，更是三次产业融合互动、健全现代农业体系的过程。

十八大以来党和国家心系农业结构调整。从2013年以来颁布的一系列文件中可以看出国家的农业结构调整政策是随着国际国内的经济形势而变化的。总体来说还是坚持以粮食生产为重中之重的理念，但也提出了确保"五谷基本自给、口粮绝对安全"的国家粮食安全新目标。如2013年，《关于加快发展现代农业进一步增强农村发展活力的若干意见》指出，粮食生产要坚持稳定面积、优化结构、主攻单产的总要求，确保丰产丰收。支持优势产区棉花、油料、糖料生产基地建设。加大新一轮"菜篮子工程"实施力度，扩大园艺作物标准园和禽畜水产品标准化养殖示范场创建规模。推进种养业良种工程，加快农作物制种基地和新品种引进示范场建设。2014年《关于全面深化农村改革加快推进农业现代化的若干意见》提出，任何时候都不能放松国内粮食生产，严守耕地保护红线，划定永久基本农田，不断提升农业综合生产能力，确保谷物基本自给、口粮绝对安全。更加积极地利用国际农产品市场和农业资源，有效调剂和补充国内粮食供给。在重视粮食数量的同时，更加注重品质和质量安全；在保障当期供给的同时，更加注重农业可持续发展；优化区域布局和品种结构。以上中央文件的指导意见其实都是在为农业经济改革树立"大粮食"的观念，也就是说在考虑城乡居民的口粮需求时不仅要看到小麦、稻谷、玉米等粮食作物，还要看到果、菜、肉、蛋、奶等"副食品"在居民饮食结构中比例增加后对粮食的替代，更要看到传统意义上作为蔬菜的一类食品逐渐实现主粮化后对粮食的补充和营养结构的完善。同时，在考虑居民饮食供给时不仅要看到耕地，还要看到大林地、草原等，它们同样可以产出食品供人类消费。这其实是一种更为宏观的"大农业"概念。[28]

此外，促进粮食作物、经济作物、饲草料三元种植结构协调发展也是农业结构调整的一贯关注重点。2016年中央1号文件指出："探索实行耕地轮作休耕制度试点，通过轮作、休耕、退耕、替代种植等多种方式，对地下水漏斗区、重金属污染区、生态严重退化地区开展综合治理。"

在确保粮食产量稳定、提高产能的基础上，以农业为根本依托，推进一、二、三产业融合发展，是实现农业现代化的有效途径。2016年1月，国务院办公厅发布《关于推进农村一二三产业融合发展的指导意见》。根据国内外发展经验来看，农村一、二、三产业融合发展指的是以农业为基本依托，通过产业联动、产业集聚、技术渗透、体制创新等方式，将资本、技术以及资源要素进行跨界集约化配置，使农业生产、农产品加工和销售、餐饮、休闲以及其他服务业有机地整合在一起，使得农村一、二、三产业之间紧密相连、协同发展，最终实现农业产业链延伸、产业范围扩展和农民收入增加。我国农村地区现有的以农业为主的产业融合模式主要有：第一，基于农村产业之间的交叉性融合。这主要是通过贸易成本的降低和创新驱动两者的共同作用，各产业之间逐步由资本、技术等生产要素的互相渗透以及市场供求信息的共享，拓展到产品生产环节之间的不断协作，再不断发展为产业组织形式之间的交叉融合，生成新型的商业模式和行业业态，进而加快农村地区三次产业的相互拓展和互相补充，形成衔接顺畅、较为完善的产业链条。目前乡村休闲体验旅游、农家乐等农业连接二、三产业的业态模式是其中最为典型的融合方式，已经成为国家农业产业升级和乡村振兴的实践重点。第二，农村地区三个产业自身内部的重构性融合。这主要表现在某个产业内部的不同行业、不同部门以及不同企业单位之间的相互融合。以产业链、价值链为视角，产业内部的重构性融合就是产业链条上相同节点或者功能相似节点上的企业、部门之间进行互相协作的过程。在我国比较典型与成熟的案例就是小麦、稻米、草木等传统种植业和牛羊等畜牧业之间通过天然生物链进行融合，从而形成绿色农业、生态农业等业态。[29]

第三节

构建农业生产性服务体系,完善金融支农措施

早在1991年《国务院关于加强农业社会化服务体系建设的通知》就指出："农业社会化服务的形式，要以乡村集体或合作经济组织为基础，以专业经济技术部门为依托，以农民自办服务为补充，形成多经济成分、多渠道、多形式、多层次的服务体系。"党的十七届三中全会和十八大为新时期农业社会化服务体系建设指明了方向，就是要按照建设现代农业的要求，建立覆盖全程、综合配套、便捷高效的服务体系，形成多层次、多形式、多主体、多样化的农业社会化服务格局。2017年8月，农业农村部、国家发改委和财政部联合发布了《关于加快发展农业生产性服务业的指导意见》，提出发展农业生产性服务业是将普通农户引入现代农业发展轨道的重要途径，是推进多种形式适度规模经营、促进农业增效和农民增收的有效手段。此次提出的"农业生产性服务业"与之前一直倡导的"农业社会化服务体系"有何异同？两者的具体构建和实施重点是怎样的？这是我们在这一章讨论的主要问题。

一、"农业生产性服务体系"的内涵与发展历程

农业生产性服务业可以理解为服务于农业的生产性服务业，也可以理解为农业生产性服务经营活动的集合。它是指为农业生产提供的中间投入服务，即常说的农业产前、产中、产后服务，如农机服务、植保服务、市场和流通服务、农资配送服务、农业金融服务等。随着业务的拓展，也包括农业全产业链的中间投入服务。长期以来，我国一直在提倡和强调建立农业社会化服务体系，它是指为农业产前、产中、产后提供服务的各类机构和个人所形成的网络，具有服务社会化和组织系统性两个基本含义。农业社会化服务体系是以公共服务机构为依托、合作经济组织为基础、龙头企业为骨干、其他社会力量为补充，公益性服务和经营性服务相结合、专享服务和综合服务相协调的为农村生产提供产前、产中、产后全过程配套服务的体系。具体包括农业生产过程社会化服务体系、农业技术推广体系、动植物疫病防控体系、农产品质量监管体系、农产品市场体系、农业信息收集和发布体系、农业金融和保险服务体系等。[30]学者经过辨析研究认为，农业生产性服务体系和农业社会化服务体系在方向和内容上大致相同，但强调的重点明显不同，这就表现在后者更强调服务的系统性和配套性，容易关注政府主导的公益性服务和传统经营性服务主体；而前者更强调服务供给的市场化和产业化，强调服务的价值创造功能。[31]这就从根本上将二者的内涵和具体目标区分开

来，换言之，二者最大的不同就是农业生产性服务体系强调以市场为导向。

　　虽然在以往国家政策的发布和指导精神中，"农业生产性服务体系"较之"农业社会化服务体系"一词来说出现的频率没有那么高，但这并不代表以市场为根本出发点的农业生产性服务体系在我国的建设就是一片空白。事实上只要农业作为一个产业在进行，生产性服务肯定必不可少，只是在以往的表述中将其与"农业社会化服务体系"混为一谈而已。根据学者的研究归纳，改革开放以来我国农业生产性服务体系经历了五个发展阶段。第一阶段是20世纪70年代末至80年代中期，农业公共服务机构和体系恢复建设、经营性农业生产服务萌发和自发发展阶段；第二阶段是20世纪80年代中期到末期，农业公共服务机构体制机制改革开启、服务职能逐渐推向市场阶段；第三阶段是20世纪90年代中期到末期，农业公共服务机构改革继续深入、经营性服务主体多元化发展加速阶段；第四阶段是20世纪90年代末期到2008年，健全公益性农业生产性服务体系、发展经营性农业生产性服务体系阶段；自2008年进入第五阶段，也就是农业生产性服务业在推进农业发展方式转变中的重要性迅速凸显，日益成为现代农业产业体系建设的突出亮点。[32]由这样的分析框架可以看出，我国的农业生产性服务体系经历了从改革开放初期隐藏于社会化服务体系之中，公共服务意味较浓，到改革开放深化阶段由市场需求为第一导向的生产经营化阶段，这一切都是我国改革开放以来经济体制改革的自然延伸。

倘若从农业产业链的角度来看，农业生产性服务业实施的主要载体就是以生产性经济合作组织提供服务的中间行业或独立行业，主要涉及农资供应、农业新技术推广和应用、农业金融、农业资讯、物流销售服务、农业保险业务等。近年来在国家政策的引导下，各地方结合自身特点和农业产业的优势，围绕土地流转实行适度规模化经营，加快以农业合作社、农业龙头或园区为主体，通过结合都市农业、观光农业、农业展会等理念和形式将农业产业链向服务产业的方向延伸，注重农技推广服务体系和农产品流通体系建设，将加工产品质量追溯体系和农产品监管等纳入常规体系中，正逐步建成和完善以农业产业链为中心的农业生产性服务体系。[33]根据我国农业生产性服务体系的现状来看，一般来说与农业生产本身紧密相关的产业服务如农资体系、生产运营和产后销售流通等领域市场经营化程度比较高，而在农业生产技术推广、标准化生产的农业监管和农产品质量追溯，还有农业信息化建设和金融服务等方面与现代农业生产性服务的发展相比还存在较大差距。

二、十八大以来金融支农政策与实践

农村金融是涉及货币、信用的经济活动，虽然现阶段我国的农业金融活动不能与城市工业与商业金融活动相比拟，但金融作为资本支持当然对于农村和农业的发展助力良多。但是我国农村金融长期以来面临的市场风险大、信贷利率低、服务效率差等问题，给农村农业金融的发展带来负面影响，也严重阻碍了农业的健康发展。党的十八大以来，伴随着全面深化改革浪潮，中国农村正在持续发生着前所未有的深层次变革。国家根据农村经济发展的实际情况和农村农业金融的运行情况，采取了一系列政策扶持措施，不断完善现有的金融体制，维护农村金融运行，进一步推动农村金融业发展。[34]为了让资金融通能够在农业领域发挥更高的效率，农业金融领域配套性地进行了同步改革，取得了斐然的成就，助力着我国农业的现代化进程。

首先，是农业信贷担保取得重大突破。2015年7月，财政部、农业部、银监会印发了《关于财政支持建立农业信贷担保体系的指导意见》，积极推动建立健全全国农业信贷担保体系，正式破题财政撬动金融支农。同年，经国务院批准，国家农业信贷担保联盟有限责任公司挂牌成立，33个省、自治区、直辖市、计划单列市组建农业信贷担保公司并开始向县市延伸，多层次、广覆盖的全国农业信贷担保体系初见其形。这是一个从上到下的不以营利为目的的农业信贷担保体系，其主要职能就是专门政策性解决新型经营主体、种养大户、合作社、家庭农场贷款时无抵押物等问题。国家的相关政策出台之后，各地的农业担保工作都获得一定进展。如农业大省黑龙江省的农业信贷担保公司在成立伊始就明确服务方向，将种粮大户、农专合等新型粮食生产经营主体及农业产业化龙头企业作为重点服务对象，着力化解农业投融资"难、贵、少、慢"等问题，积极探索建立财政和金融协同支农新机制，不断创新金融担保和贷款系列产品。其在2015年成立以来推出了"多担贷"系列"易担贷""助农担""惠担贷""恋农担""e担贷""真担贷"六项新产品，突出了政策性担保优势，体现接地气、富有亲和力、针对性强、可复制、易推广等特点，提高了农业贷款的可获得性。到2017年黑龙江农业担保公司成立两年以来，已经完成担保授信规模108.48亿元，客户涉及种粮大户、农民专业合作社以及农业产业化龙头企业，惠及农民5.37万户。[35]

其次，农业投融资改革实现模式创新。农业的可持续发展和产业化进程离不开投融资。多年来，农村农业发展"找钱难"的情况一直存在，农业经营成本与风险高、信息不对称、供给不足等主要问题亟待解决。党的十八大以来，除了依托传统的财政支出，金融机构利用自身的优势和政府有效结合，为农业提供投资、融资的有效支持。各级机构坚持把农村和农业作为财政支出的优先保障领域，在确保财政投入只增不减的基础上，充分发挥财政金融的杠杆作用，创新农业投融资机制，建立和发展区域性农业产业投资基金，充分调动社会各界的资金聚合力，吸引社会资本更多投向农业，重点探索了以下模式。[36]

一是财政涉农资金整合模式。对一些具有财政资金支持的农村基础设施项目，整合相关涉农资金并作为贷款的重要还款来源，充分发挥财政资金的杠杆作用。地方政府积极注资政府投融资平台并推动其转型为实体化企业，继续承担基础设施项目贷款。2016年，发改委联合农业部发布了《关于推进农业领域政府和社会资本的指导意见》（下称《意见》），提出大力推进农业领域政府和社会资本合作（简称PPP），这是我国农业领域的首个PPP指导文件。《意见》提出，各级政府做好政策制定、发展规划、指导服务和市场监管工作，加快从农业领域公共产品的直接提供者，向社会资本"合作者"和项目"监管者"转变。如今PPP在农业农村领域应用的关注度越来越高，多种融资方式不断出现，成为新时期农业投融资改革的重要探索[37]。在2017年6月，财政部、农业部又发布了《关于深入推进农业领域政府和社会资本合作的实施意见》，提出重点引导和鼓励社会资本参与农业绿色发展、高标准农田建设、现代农业产业园、田园综合体、农产品物流与交易平台、"互联网+"现代农业6个重点领域。同年8月底召开的中央全面深化改革领导小组第三十八次会议审议通过了《关于探索建立涉农资金统筹整合长效机制的意见》，会议指出探索建立涉农资金统筹整合长效机制，是推进农业供给侧结构性改革的重要途径。这些推进农村投融资体制改革的文件都强调了构建多元化农业投融资的新格局，就是要在原有政府投资的基础上，引导更多社会资本进入农业。

二是积极发挥政府的增信作用。为了提高金融机构支持农村产业的积极性，关键是在风险和效益上找到平衡点，特别是有效分散金融机构的风险，这在客观上需要有效发挥政府的作用。有些地方政府将扶贫、涉农等零散资金汇集起来，建立风险补偿基金。这样既能撬动银行资金，解决农户贷款担保难的顽疾，又能与美丽乡村、村民自治等工作相结合，提高基层组织的凝聚力，切实将钱用在刀刃上。金融机构则通过政府增信，降低了组织成本、管理成本和风险成本；农户则是这一模式的最大受益者，解决了生产致富的资金难题。如十八大以来辽宁省盘锦市积极探索政府增信融资模式，在中国农业银行辽宁省分行与盘锦市政府签署的《服务"三农"战略合作框架协议》基础上，农行盘锦分行与盘锦市财政局、市农委三方也签署了《政府增信农业融资风险补偿基金合作协议》。按照协议，盘锦市财政局将1亿元风险补偿基金存入农行，作为政府增信补偿基金；农行向盘锦市新型农业经营主体提供总计不少于10亿元的贷款，支持农户增收致富。[38]政府增信是有效的金融支农模式，可以实现政府、银行、农户三赢的局面。

三是产业链金融模式。该模式由龙头企业担保、农户承贷，与龙头企业和农户的交易关系互相依托，银行贷款实现封闭运行管理，形成产品流和资金流的闭合通道，以此降低金融机构的风险。这种方式尤其适用于基于大数据的"互联网+"现代农业，具有广阔的前景。如中粮集团战略控股的涉农金融企业龙江银行就实践了"全产业链"战略指导下的金融支农创新模式。龙江银行结合黑龙江农业大省的省情，依托大型涉农企业中粮集团，探索出一条农业供应链金融模式，有效地破解"三农"融资难题。所谓"农业供应链金融模式"，简单来说就是以供应链的核心企业为中心，捆绑上下游中小企业、农户和消费者，提供支持农业供应链的系统性金融解决方案。中粮集团作为我国最大的粮油食品企业，提出的"全产业链"理念强调从原材料生产到食品销售终端的全程监管。这一链条上的各参与主体都因供应链紧密地结合在一起，银行方面沿着链条上的节点分析，抓住生产与加工这两个环节的核心企业，开展了资金流、物流、信息流全封闭的农业供应链金融尝试。截至2013年一季度末，中粮集团通过龙江银行开展的"惠农链"农业供应链贷款余额达到131亿元，累计投放466亿元，覆盖耕地4300多万亩，惠及农户和就业人群超过610万人。在全产业链模式的战略指导下，龙江银行沿着战略股东中粮集团的产业链，在安徽、宁夏、湖北、福建设立了村镇银行，进行农业供应链商业模式的复制，这样的探索给了很多地区金融支农以启发和借鉴。[39]

此外，抵押担保物范围的拓展和信用贷款方式的多样化也成为金融支农创新的重要实践。可用于抵押担保的有承包土地经营权、宅基地使用权、农房所有权以及农业机械和设施、存单等。抵押担保成功的关键是要具备健全的抵押物交易处置通道。

第四节

农业融入可持续发展理念，"互联网+"助力产业升级

　　十八大以来，我国农业发展的最大特色之一就是"新"。此处之"新"是根据自身情况紧跟世界产业潮流的一种与时俱进的新。其具体表现为：在农业产业模式上，可持续发展理念使得绿色、生态、休闲等成为农业经营坚守的重要理念；而在运营模式上，"互联网"在进入中国20年之后迅速发展，也逐渐渗透至农业领域，以电商、物联网等形式助力农业产业升级，颇有将全产业链打通之势。

一、可持续发展与绿色（生态）、休闲农业

　　"可持续发展"一词自20世纪90年代以来成为我国政治、经济、文化生活中屡见不鲜的一个重要名词，它实际上是20世纪工业化和现代科技文明飞速进步以来，人们最初基于生态环境恶化、资源枯竭等现象所提出的一种发展的理念和态度。这种理念和态度有其近因和远源。它本来是在古代历史中人们产生的一种

朴素的自然观，如我国古代尊重自然规律的"天人合一""无为而治"等思想理念，此为其远源。此外，可持续发展的近因是自20世纪以来社会生产力直线上升，特别是第二次世界大战以后各国经济复苏、新技术层出不穷、人类征服自然的信心倍增，"高产量、高污染、高消费"的生产和生活模式造成全球性生态环境的破坏与自然资源的浪费。

在这样的背景下，人类提出了"可持续发展"的理念，以此来对当时高速发展的经济对环境的破坏敲响一记警钟。1962年，美国生物学家蕾切尔·卡逊女士出版的《寂静的春天》一书提到了农药对大自然的破坏，并呼吁保护自然。在她之后，美国经济学家肯尼斯·鲍尔丁教授在其著作《一门科学——生态经济学》中第一次提出了"生态经济学"的概念；1966年他在其另一部著作《即将到来的宇宙飞船地球经济学》中再次呼吁人类爱护生态环境，否则后果严重。随后美国马里兰大学的赫尔曼·戴利教授围绕着生态环境危机，创建出一个新的经济发展模式——稳态经济（The Economics of Steady State），进一步发展了生态经济学并使其框架得以完善。在社会关注生态环境和资源发展的潮流下，1972年"世界人类环境大会"终于在瑞典的斯德哥尔摩举行，该会议的重要成果——《人类环境宣言》呼吁人们慎重行动以避免对环境的破坏，号召人类为自己及子孙后代而保护环境，为可持续发展理念的提出奠定了初步基础。1982年在内罗毕召开的联合国环境管理理事会议上，日本建议设立有关于环境与发展的机构，受到代表们的支持。两年后世界环境与发展委员会（WCED）正式成立。1987年2月在日本东京召开的第八次世界环境与发展委员会通过了该委员会关于人类未来的报告《我们共同的未来》（*Our Common Future*），该报告后又经第42届联合国大会一般性辩论通过，于1987年4月正式出版。报告以"持续发展"为基本纲领，以丰富的资料论述了当今世界环境与发展方面存在的问题，提出了处理这些问题的具体和现实的行动建议，这是"持续发展"概念的第一次提出。随着1992年《里约环境与发展宣言》等具有代表性的报告与文件的相继发表，可持续发展理念日臻完善并受到各国的认可与响应，成为各国经济和产业发展的重要指导思想。

中国自20世纪90年代以来多次提倡"可持续发展"的经济指导战略，但是由于当时正处于经济发展的起步期，环境成为经济发展的沉重代价。1992年8月，经国务院批准的《关于出席联合国环境与发展大会的情况及有关对策的报告》提出要实行可持续发展战略，这是中央文献首次提出可持续发展战略概念。1994年3月中国政府制定完成并批准通过了《中国21世纪议程——中国21世纪人口、环境与发展白皮书》，确立了中国面向21世纪实施可持续发展战略的总体框架和各领域的主要目标，并将其作为各级政府制定国民经济和社会发展计划的指导性文件。进入21世纪，随着农业经济的发展和生产效率的提高，大量的农药和工厂排放严重威胁着食品安全和人民的健康，同时人均资源的相对匮乏成为新一轮经济发展的主要问题，人们更加关注农业生态环境，用可持续发展的理念来对农业经济进行指导。由此农业经济的可持续发展的提倡成为21世纪以来国家政治、经济、文化生活的重要主旋律。

农业经济的可持续发展主要是指经过体制改革，运用各种先进技术，在充分利用资源、保护生态环境免遭破坏的条件下，能够永续利用农业资源，不断改善生态环境，最终满足现代人类以及千秋万代对农产品的需求。[40]坚持农业经济可持续发展，保护农业生态环境，保证区域农业经济协调发展以及人与自然和谐共生，实现工业化、信息化、城镇化及农业现代化的共同进步，是中国共产党第十九次全国代表大会报告中有关"三农"部分的亮点。

在此之前党和国家多次对可持续发展进行了指导性论述。1982年的十二大报告指出："坚决保护各种农业资源，保持生态平衡。"1985年党中央进一步提出要把"合理利用自然资源和保护良好的生态环境"作为农业生产活动的前提条件。党的十八大以来，以习近平同志为核心的党中央立足于我国农业发展的基础，针对我国农业发展生态现状，提出了农业绿色发展的新思想，将我国对农业发展和生态文明建设历程的认识提到了新的高度。2013年11月，习近平在山东考察时明确指出："要给农业插上科技的翅膀……加快构建适应高产、优质、高效、生态、安全农业发展要求的技术体系。"2015年3月24日，中共中央政治局召开会议，审议通过《关于加快推进生态文明建设的意见》，明确提出"协同推进新型工业化、城镇化、信息化、农业现代化和绿色化"。其中"绿色"首次成为国家现代化建设的重要内涵，也成为农业现代化的重要组成部分。2015年，十八届五中全会提出的"创新、协调、绿色、开放、共享"发展理念，成为未来中国实现可持续发展、全面建成小康社会的系统性指导原则。

"绿色农业"在某种程度上等于"生态农业"，随着20世纪80年代初党和国家对于农村生态环境的重视，科学家提出了绿色农业和生态农业的理念，因此绿色农业的概念最早是出现在中国[41]。但是绿色与生态的理念在中国真正被重视，却是在21世纪初我国加入WTO以来，农产品面临质量安全和外国技术壁垒或"绿色壁垒"以后，此时全社会以农产品出口、食品安全等为焦点开始普遍关注这一理念。

早在2005年，习近平在主政浙江期间于《浙江日报》上发表了署名"哲欣"的《大力发展高效生态农业》一文，提出"以绿色消费需求为导向，以农业工业化和经济生态化理念为指导，以提高农业市场竞争力和可持续发展能力为核心，深入推进农业结构的战略性调整，大力发展高效生态农业"[42]，并指出高效生态农业"既区别于高投入、高产出、高劳动生产率的石油农业，也区别于偏重维护自然生态平衡、放弃高投入、高产出目标的自然生态农业"，"所谓高效，就是要体现发展农业能够使农民致富的要求；所谓生态，就是要体现农业既能提供绿色安全农产品又可持续发展的要求"。高效生态农业概念的提出和论述为中国农业可持续发展和绿色农业建设提供了重要的实践方向。

十八大报告还首次将"大力推进生态文明建设"独立成章、集中论述，明确指出："建设生态文明，是关系人民福祉、关乎民族未来的长远大计。"十八大以来各地在原有生态农业的基础上因地制宜对绿色农业和高效生态农业进一步实践发展，目前我国已经形成高效生态农业的8种类型和模式[43]：（1）全方位立体利用土地资源的"立体利用型"，以南方红壤丘陵地区"顶林、腰果、谷农、塘渔"为典型，如四川省的"山顶松树戴帽，山间果竹缠腰，山下水稻鱼跃，田间种桑放哨"；（2）利用生物之间共生、互利、双赢关系将不同生态位、不同生长发育特性的生物组合在一起，形成结构互补、功能互惠、效益互利的复合生态系统的"生物共生型"模式，如稻田养鱼、稻鸭子共栖、稻—萍—渔复合系统、棉田养鸡、枣粮间作、果药复合、林蛙共生等都属此种模式；（3）将农林牧副渔五业有机结合形成"结构合理、功能完善、资源充分利用、系统效益全面"的高效良性循环系统的"多业结合型"高效生态农业，这是实现农业可持续发展的重要模式和基本途径；（4）努力提高产品产值和附加值，提高农产品经济效益和农业价值的"产业延伸型"，如南方稻区稻米加工产业利用现代农产品加工增值技术，使稻米资源得到有效利用和增值；（5）由科技成果转化和应用而来的"科技带动型"高效生态农业，如上海市近年来大力推广的"科技化+生态技术"模式，以崇明前卫村高效生态农业产业园区、孙桥高效生态农业产业园区为成功案例；（6）为了生产出优质安全的"生态食品"而采取的"环境整治型"高效生态农业，如近年自"建设鄱阳湖生态经济区"上升为国家战略以来，江西十分重视在鄱阳湖生态经济区发展环境整治型高效生态农业，通过造林绿化、污水处理、农村垃圾无害化处理、源头环境治理保护等方式对湖区生态环境进行彻底治理；（7）"资源再生型"高效生态农业是按照生态学的"物质循环、能量流动"规律，及时对农业生产过程中产生的废气、废渣、废液以及各种副产品等进行处理和再利用，从而实现资源再生、废物再用、变废为宝、化害为利；（8）"休闲观光型"高效生态农业，作为现代农业发展的新方向、新模式，它体现了现代农业已经从传统的单一提供农产品，逐渐向提供农产品和休闲观光旅游等多种功能服务的生态农业模式发展。休闲农业是指有效利用农村田园风光、自然生态环境等有形资源，将其与农林牧副渔生产、农业经营、乡村文化、农家生活相结合以拓展农业发展空间的农业形式。它为民众提供休闲、教育体验、经营管理示范等活动，将有形资源与无形资源融合形成农业服务产业。

2015年《国务院办公厅关于加快转变农业发展方式的意见》第十二条"积极开发农业多种功能"中重点指出，要加强规划引导并积极制定一系列促进休闲农业与乡村旅游发展的土地、财政和金融等扶持政策，加大相关配套公共设施建设支持力度等，整体提升休闲农业与乡村旅游示范区创建水平。这说明国家对于这种新型的农业生产模式开始进行关注与规划。需要澄清的是，虽然二者有联系，但休闲农业与乡村旅游并非完全是一回事。乡村旅游是一种以乡村为主要游览地和承载体的旅游形式。而休闲农业的重点是农业，是农业转型升级的结果，也是农业产业链延伸的结果。它不仅是农业发展的一个新领域，而且是休闲产业发展的一种新业态，它是以农业为基础，又超越农业，范围不仅涉及包括农林牧副渔在内的"大农业"概念，还融合了大量第三产业和部分制造加工业，是一个典型的农业生产、农民生活和农村生态合而为一的综合性"三产"，在经营上也充分融合了农业产销、农产加工及游憩服务三级产业。乡村旅游与休闲农业都是利用乡村和农业进行的一种休闲产业方式。但乡村旅游中的农业只是点缀物而不是全部，休闲农业却主要以农业为载体，它需要农业自身的升级和拓展作为配合，因此它基本上以休闲农场、农业园区、特色农业小镇等为主要承载地。"特色农业小镇"是近年来我国休闲农业的一类新型承载地。它的出现与十八大以来的国家战略政策有关。由于2016年国务院《关于深入推进新型城镇化建设的若干意见》中提出加快特色小镇建设，并指出推动特色小镇建设要与特色产业发展相结合、与服务"三农"相结合。在一系列建设特色小镇的浪潮中，特色农业小镇聚焦传统和现代农业产业，融合文化、旅游与社区功能，对转换经济发展模式、推进新型城镇化、实现城乡一体化发展具有极大的促进作用。其中山东德州市的"两区同建"模式对特色农业小镇建设具有启发和借鉴意义。虽然在全国首批的127个特色小镇中，属于特色农业小镇的只有11个，占到8.7%，但由于我国是农业大国，在农业转型升级的背景下，未来特色农业小镇定会成为休闲农业的重要依托地。

二、"互联网+"助力农业产业升级

在经济新常态下，我国政府进入增速放缓、结构调整的重要时期。为了顺应当前互联网给人们经济生活带来的巨大转变，政府开始关注并大力提倡"互联网+"概念，并使其上升为国家战略，成为新经济发展的引擎和创新驱动发展的代表力量。2015年5月国务院发布了《关于大力发展电子商务加快培育经济新动力的意见》（简称电商"国八条"），提出从八个方面推进电商发展，加快培育经济新动力，其中提到："积极发展农村电子商务。加强互联网与农业农村融合发展，引入产业链、价值链、供应链等现代管理理念和方式，研究制定促进农村电子商务发展的意见，出台支持政策措施。"

随着互联网的发展，"互联网+"这一思维也开始逐渐渗透到传统的农业领域，"互联网+农业"成为现代化农业发展和产业链升级转型的重要制胜法宝。国家也开始关注互联网对于提升农业产业链整体效率的重要作用。2015年中央1号文件《关于加大改革创新力度加快农业现代化建设的若干意见》指出："创新农产品流通方式，支持电商、物流、商贸、金融等企业参与涉农电子商务平台建设，开展电子商务进农村综合示范。"2015年7月，国务院《关于积极推进"互联网+"行动的指导意见》的颁布，标志着我国经济发展与以互联网技术为代表的信息产业同步发展的开始。此次指导意见涵盖了11项重点行动，第三项就是与农业相关的部分，"互联网+"现代农业的表述方式由此正式产生。在这一项的阐述中提到"利用互联网提升农业生产、经营、管理和服务水平，培育一批网络化、智能化、精细化的现代'种养加'生态农业新模式，形成示范带动效应，加快完善新型农业生产经营体系，培育多样化农业互联网管理服务模式，逐步建立农副产品、农资质量安全追溯体系，促进农业现代化水平明显提升"，并提出"构建新型农业生产经营体系、发展精准化生产方式、提升网络化服务水平、完善农副产品质量安全追溯体系"等要求。

以上这些国家的指导意见说明"互联网+"现代农业是将互联网与传统农业深度融合，依托互联网、大数据、云计算、物联网、云平台等信息技术，构建新型农业生产、经营、消费体系，打造精准化生产、网络化销售、便捷化流通的农业产业发展方式，提升农业生产、经营、管理和服务水平，培育网络化、智能化、精细化的现代"种养加"生态农业新模式，努力打造"信息支撑、管理协同、产出高效、产品安全、资源节约、环境友好"的我国现代农业发展升级版。[44]"互联网+"现代农业其实是农业在互联网作为媒介融入整个农业生产链后的转型与升级过程。

第一，在农业生产的产前环节，"互联网+"使得农业生产资料服务平台面临重要的发展机遇。

随着农业现代化的推进和土地流转的加速，中国农业走向规模化经营之路。新型集约化经营主体增加，随之对农业物资产品供应和服务提出了更高要求。近年来互联网巨头纷纷下乡，抢占农业电子商务市场。传统的农业物资企业"生产—经销商—种植户"经营模式正在发生转变，新的经营模式通过提供更为优质的产品、多元化的农业物资供应、更优秀的技术服务，嫁接越来越成熟的农业信息化系统，完成中国农业物资生产商向农业物资服务平台的转型升级。经过几年的发展，我国的农业物资电商发展虽然尚未形成固定模式，但已经形成一些比较成熟的经营模式，如第三方网络销售平台（B2C）模式、第三方农资信息资讯平台（B2B2C）模式、农资企业自营（B2C）模式、农资企业自营（B2B）模式等[45]。2014年我国农资市场规模为2.2万亿元，说明农资市场蕴藏着巨大的商机。如2014年初，为了便于农户通过网络平台订购农资产品，山东圣丰种业集团投资1500万成立了天辰云农场有限公司（下文称"云农场"），开拓农资电子商务业务。2015年，云农场整合该公司在农资领域的上下游资源，创建了定制化的农场集成服务中心，并以农村服务站和测土培肥站为基础，以测土培肥等为入口，建立了农技通、云农宝、乡间货的等特色增值服务品牌，为农户提供化肥、种子、农药等农资产品以及农机交易、测土培肥、农技、金融、物流等增值服务。这是"互联网+农资产品+综合服务"在农资电商领域的首次应用。

截至2014年9月初，云农场电商平台的化肥销售额分别是阿里巴巴的658.9倍和京东商城的446.55倍，一跃成为全国最大的网上农资商城。到2015年4月云农场已在全国十多个省市建立了300多家县级服务中心，2万多家村级服务站，注册用户超过百万。[46]在短时间有这么多的农民会员加入，表明了农资电商发展是大势所趋，因为它有着传统农资销售所不能比拟的优点：农资电商平台能够降低交易费用，减少信息不对称对交易的影响；农资电商平台能够整合各类资源，提高经济效益；它们还能够帮助农资企业了解客户需求，把握市场动向。因此，在农村移动通信等基础设施以及物流设施环境不断改善的社会背景下，我国的农业物资企业在电子商务的推动下，逐渐向专业化、扁平化、一体化发展，综合农资电商、类金融服务、线上线下（O2O）农化服务等成为互联网背景下现代农业物资企业发展的必然趋势。

第二，在农业生产的产中环节，以物联网为载体的农业服务企业蓬勃发展，物联网技术为提高农业生产的智能化水平和保障食品安全等提供了新的方式。

农业物联网是指按照约定协议，通过农业信息感知设备，将农业系统中动植物生命体、环境要素、生产工具等物理部件和各种虚拟"物件"与互联网联结起来，进行信息交换和通信，以实现对农业生产过程进行智能化识别、定位、跟踪、监控和管理的一种网络。这种网络由"人—机—物"一体化互联，可帮助人类以更加精细和动态的方式认知、管理和控制农业中的各要素、各过程和各系统，极大提升人类对农业动植物生命本质的认知能力、对农业复杂系统的调控能力和对农业突发事件的处理能力。

物联网的概念于1999年由美国麻省理工学院提出。2008年底，IBM向美国政府提出"智慧地球"战略，物联网迅速得到很多国家的高度关注。随着此项技术在国外农业领域中的应用逐渐广泛，有关技术研发、体系标准制定、产业应用等方面的研究不断深入，由此形成了较为系统的农业物联网应用体系。美国大农场成为农业物联网应用的引领者，在发达的农业网络体系基础上，全程网络化的精准农业模式基本形成，变量施肥喷药技术、杂草自动识别技术、大型喷灌机的精准控制技术已开始规模化、产业化应用，还应用GPS系统、CORS基站、RTK等高新技术控制大型智能农用机械，此外还有智能灌溉等方面的应用，总之农业物联网大大提高了农场的科学化管理水平。[47]此外，日本、荷兰、韩国、以色列等发达国家在农业物联网上的应用已经达到国际先进水平。

我国高度重视物联网技术的发展，将其作为新兴产业国家战略的一项重要组成内容，采取了多项政策措施全面推动物联网技术在各行业的应用发展。2013年，国务院发布《关于推进物联网有序健康发展的指导意见》，并启动实施包括顶层设计、标准制定、技术研发、应用推广、产业支撑、商业模式、安全保障、政策法规和人才培养等方面的10个物联网发展专项行动计划。近年来，中央和地方高度重视农业物联网工作，国家发改委、农业部及地方政府分别在黑龙江、北京、天津、安徽、上海、江苏以及新疆、内蒙古等地开展了一系列农业物联网应用示范工程，在农产品物流追溯、农机监控和生态环境监控领域初步形成了一批农业物联网技术软硬件产品和应用典型，对发展现代农业起到积极促进作用。[48]

近年来江苏省加快物联网技术在禽畜水产养殖、温室大棚、露地作物等农业生产领域的应用，创建了一批农业物联网应用示范基地。该省在农业生产、农产品溯源和质量控制、农业物联网平台、农业物联网基础数据库建设、农产品商贸物流、农产品电子商务等领域均有物联网技术应用，江苏省农业委员会支持和批准的农业物联网技术应用示范项目2012年为42项，2013年达65项，2014年为69项。2014年江苏省共有448个温室大棚物联网技术应用点，应用面积达274425亩；畜禽养殖物联网技术应用点842个，应用面积达43102亩；水产养殖物联网技术应用点331个，应用面积达688538亩。

农业一直被认为是自然再生产的过程，是"靠天吃饭"的劳动密集型行业，农业劳动是"脏累苦"的代名词。但农业信息化的推进及物联网技术在农业各领域的应用，从根本上改变了农业生产方式。在江苏，农户利用物联网技术已经实现了农业的智能化生产与管理，如禽畜养殖实现个性化、智能化、精准化，水产养殖实现智能增氧和定量投饵，还有对大田作物种植进行实时监控。对有一定规模的农业物联网应用企业（农户）进行访谈调查的结果显示，物联网应用效果明显，它不但节省了劳动力，提高了经济效益，还提高了农产品的质量，更重要的是，应用物联网技术，集成应用条形码、二维码、RFID电子标签、传感器、通信和计算机网络，通过农产品标识化可以加大对农产品从生产、流通到销售整个流程的监管，完善农产品安全追溯系统，保障农产品安全。然而，在实际推行和应用中，我们也应该认识到我国农业物联网发展普遍尚属起步阶段，存在着物联网知识盲点多和缺人才、缺资金、缺技术、缺实效等问题，需要政府对农业物联网建设进行更进一步支持并加大相关人才培养。[49]

第三，在农业生产的流通和销售环节，电子商务平台为创新农产品销售模式、破解小农生产与大市场的难题提供了新途径。

农产品具有季节性且容易受到自然地理环境条件的影响，在当今生产率提高、产量加大的农业生产中，如果按照传统的销售和流通模式，大量的农产品被挤压和被损坏的可能性还是很大的。而且在传统的农产品流通领域普遍存在着"买难卖难"的困境，也就是说买卖双方"信息不对称"，从而导致市场失灵、资源配置效率下降。传统农业生产时期，往往是想买特定农产品的消费者不知道在哪里能买到称心的产品，需求得不到满足；农业种植户也不能精准地知道哪里需要他生产的产品，大概有多少量的需求等，这种信息不对称可能会导致产品滞销或缺少。在"互联网+"时代的农业电商模式下，这种信息不对称的问题很好解决。如在农产品成熟前一段时间种植户就可以发布产品，提供详尽的产品信息，包括原产地、品质、包装技术、种植技术、价格、相同产品的国际报价、运输条件、电商平台等，让市场充分了解到商品信息，做到精准营销，甚至可能在生产商品之前就通过网络等方式获得各地的需求信息或者采用消费者支付预付款订货等模式；消费者则通过手机或电脑，了解到种植户的相关商品信息，可以网下体验或网上预订，从而根本改变种植户靠运气销售的模式，改变农产品被动销售状况，大大提高农产品生产销售效率。[50]

目前我国已经形成了一些多样化的农产品电商模式，如C2C模式（淘宝C店）、B2C模式、B2B模式（阿里巴巴等第三方服务商）、O2O（线上线下）、微信营销模式，还有比较新型的B2B2C模式等。B2B2C意思是Business to Business to Customer。其中第一个B指的是广义上的卖方，不仅仅是指公司，也可以包括个人，即一种逻辑上的买卖关系中的卖方；第二个B指交易平台，即连接买方与卖方的平台，不仅仅提供交易服务，同时还提供相关附加服务；C为买方，也就是消费者。在这一模式中，农户和农产品供应者只负责生产产品，消费者只需要在电商平台上选择后付款消费，中间的其他环节如产品推广、物流等都交由B2B2C服务商处理，这种模式的好处是将"农产品供应商→电商平台→消费者"各个产业链紧密联结在一起，把农产品从生产、分销到终端零售的资源进行全面的整合，从而很好地解决农产品市场对接、质量管理和物流体系建设等关键问题，实现了农产品从创造增值到价值变现的过程，通过充分发挥电商平台的整合服务能力，提升了农户和农产品供应商的盈利水平，也使得农产品消费者获得更好的消费体验。[51]

根据上述三点分析可知，我国现代农业已经在产前、产中和产后等全产业链上都运用到基于互联网的新兴技术，从而促进农业产业链的升级提速。一些有科技和现代化经营意识的农业企业、种养大户、农村合作社等新型主体已经在有意识地运用互联网形成生产、加工与销售一体化的网络平台。如山东省济南市万德镇响应全国号召，在济南办起第一个"互联网+"示范村，该镇运用"互联网+"助力农产品的生产、加工、销售，主要为"党支部+合作社+电商平台"模式，即以党支部引领发展，以合作社为经营主体，以电商平台为主要销售渠道，主攻"互联网+农产品销售"环节，并统一使用"山水万德"品牌大力发展生态旅游。该省还有"中国蔬菜之乡"寿光市的典型案例。

此外，从全产业链角度看，农业互联网金融应运而生并贯穿于农资购销、农业生产、农产品销售的全过程，互联网金融服务平台为建立农村征信体系、发展农村金融服务提供了新模式，有助于构建新的农村金融保障体系。

有关数据显示，截至2014年末，我国涉农贷款（本外币）余额23.6万亿元，占各项贷款比重的28.1%，同比增长13%；全部金融机构本外币农村（县及县以下）贷款余额19.4万亿元，占各项贷款余额比重的23.2%，同比增长12.4%，2011—2014三个年度上述两项指标的复合增长率也在12%～16%。然而，面对规模化、集约化、专业化、现代化的现代化农业发展的新趋势和新常态，上述资金仍不能满足日益增长的农业金融服务需求。[52]2015年4月发布的《中国农村金融发展报告（2014）》显示，中国当前农村家庭正规信贷的成功率约为27.6%，远低于全国40.5%的水平。互联网、大数据的应用有助于解决农村金融的风险管理难题，形成新的农村金融保障体系。

对于征信这一问题，通过互联网、大数据、云计算可以提供效率较高的解决方案。如大数据征信是利用社交网络、电商网站、网贷平台中产生的大量碎片化数据，更好地对海量、分散的用户数据进行搜集分析，从中获取关于用户信用的有价值的信息从而对用户进行信用评估。目前已有一些大企业通过大数据及农村互联网交易平台建设，获取农业从业者的资金实力、信用评估等关键信息，并将其作为其贷款的信用依据，这些信息由此起到实际上的征信作用。还有一些龙头企业因为本身拥有全产业链的信息，所以有条件构筑以其为核心的农业互联网金融平台，为全产业链的各个环节提供投融资及网上支付等服务。如国内最大的农牧企业之一新希望公司于2015年1月和北京首望创新科技有限公司、南方希望实业有限公司共同出资建立的慧农科技，旨在打造农村金融服务网络。同年3月，国内农药制剂龙头企业诺普信宣布以1750万元增资农金圈（深圳农金圈金融服务有限公司）；5月诺普信启动"田田圈"互联网发展战略，积极构建可全方位对接农户需求的互联网生态系统。

实际上，从我国农村金融供需不匹配的现实来看内生金融不足是其中的重要原因。内生金融是指在市场客观供求刺激下，由社会、经济体系的内部因素所决定，基于微观经济主体的参与和贡献，通过诱致性制度变迁自下而上内生出的金融活动、金融组织、金融制度、金融体系的统称。新兴的农村"互联网—产业链"金融模式，是一种有着各市场主体参与的通过竞争博弈自下而上形成的弱政府干预、金融效率较高、市场竞争充分的内生性农村金融模式，通过核心企业主导创新、产业链金融支撑、移动互联网覆盖、大数据征信、对各类金融机构进行整合等机制，有效地推动了中国农村外生金融内生化发展，促进了农村金融体系的供需匹配。[53]

注释

[1] 闫小欢、霍学喜：《农民就业、农村社会保障和土地流转——基于河南省479个农户调查的分析》，《农业技术经济》2013年第7期。

[2] 吕晨光、杨继瑞、谢菁：《我国农村土地流转的动因分析及实践探索》，《经济体制改革》2013年第6期。

[3] 梅福林：《我国农村土地流转的现状及对策》，《统计与决策》2006年第19期。

[4] 戴超、卢朝阳、张磊：《蒙城县推行农村土地互换并块、户均"一块田"工作调查研究》，《农民致富之友》2015年第20期（下半月）。

[5] 《"反租倒包"防止土地抛荒弃耕》，《新农业》1995年10期。

[6] 王向阳：《反租倒包再认识：内涵、基础与实践机制——基于沈阳市苏家屯D村的调研》，《关东学刊》2017年第10期。

[7] 马健：《南海模式：创新与困局——对南海土地股份合作制发展状况的调查》，《农村工作通讯》2008年第17期。

[8] 刘学侠：《土地股份制：中国农村土地制度改革的方向》，《农业经济问题》2007年第7期。

[9] 申恒胜：《农村土地流转的理论、经验及预测——基于河北青县的实证调查》，《东南学术》2009年第4期。

[10] 黄祖辉、俞宁：《新型农业经营主体：现状、约束与发展思路——以浙江省为例的分析》，《中国农村经济》2010年第10期。

[11] 管叔琪、王光宇：《积极推进土地流转，促进农业经营主体创业成长》，《农业科技管理》2014年第1期。

[12] 孙立刚、刘献良、李起文：《金融支持新型农业经营主体的调查与思考》，《农村金融研究》2015年第5期。

[13] 孙勇智、孙启明：《信贷模式创新、金融支持与农村经济发展：以黑龙江省为例》，《当代经济研究》2013年第7期。

[14] 刘雨松、刘新智：《我国农户创业与金融支持的关系研究：基于我国1992—2011年的数据分析》，《新疆农垦经济》2013年第4期。

[15] 中国人民银行乌鲁木齐中心支行课题组：《金融支持新疆新型农业经营主体发展研究》，《金融发展评论》2014年第7期。

[16] 汪发源、吴学兵、孙文学：《农业创业中新型农业经营主体带动效应影响因素分析——基于湖北省713家新型农业经营主体调研数据分析》，《干旱区资源与环境》2016年第10期。

[17] 祝卫东、陈春良：《2016年中央一号文件解读之二：做好农业供给侧结构性改革这篇大文章》，《农村工作通讯》2016年第4期。

[18] 黄祖辉、傅琳琳、李海涛：《我国农业供给侧结构调整：历史回顾、问题实质与改革重点》，《南京农业大学学报（社会科学版）》2016年第6期。

[19] 张俊飚、赵博唯：《供给侧改革背景下绿色食品产业转型升级的思考》，《中南民族大学学报（人文社会科学版）》2017年第4期。

[20] 王运浩：《推动绿色食品有机食品发展，助力农业供给侧结构性改革》，《农民日报》2017年1月。

[21] 吴德慧主编：《供给侧结构性改革专题解读》，光明日报出版社2016年

版，第201页。

[22] 李国祥：《推进我国农业供给侧结构性改革》，《中国青年报》2016年2月3日。

[23] 蔡元杰：《经营主体降成本提效益须多处着力——浙江新型农业经营主体农业生产经营成本现状调查》，《农村经营管理》2018年第4期。

[24] 《农业降成本：限价+直补+配方肥》，《中国农资》2008年第9期。

[25] 曾福生：《降成本：农业供给侧改革"重头戏"》，《湖南日报》2016年3月21日第12版。

[26] 高强、孔祥智：《中国农业结构调整的总体估价与趋势判断》，《改革》2014年第11期。

[27] 王红、王鄂湘：《农业产业结构优化调整与农业经济增长关系研究——以湖南省为例》，《中南林业科技大学学报》2017年第6期。

[28] 孔祥智：《农业供给侧结构性改革的基本内涵与政策建议》，《改革》2016年第2期。

[29] 梁立华：《农村地区第一、二、三产业融合的动力机制、发展模式及实施策略》，《改革与战略》2016年第8期。

[30] 王建增：《新农村建设背景下我国新型农业社会化服务体系建设研究》，《安徽农业科学》2011年第33期。

[31] 姜长云：《关于发展农业生产性服务业的思考》，《农业经济问题》2016年第5期。

[32] 芦千文、姜长云：《我国农业生产性服务业的发展历程与经验启示》，《南京农业大学学报（社会科学版）》2016年第5期。

[33] 刘楠：《我国农业生产性服务业发展模式研究》，北京科技大学博士学位论文，2017年。

[34] 姜晓晓：《刍议农村金融、财政支农与农村经济发展》，《产业创新研究》2018年第4期。

[35] 黄春英：《黑龙江省"农业担保"惠及农民5万多户》，《农村百事通》2018年第4期。

[36] 赵海：《金融服务乡村振兴的几点思考》，《中国农民合作社》2018年第
　　　3期。

[37] 徐明：《金融活水润"三农"——党的十八大以来农业金融改革创新综
　　　述》，《农村经营管理》2017年第10期。

[38] 吴昕丽、徐士忠：《辽宁分行推出政府增信融资模式破解农民贷款难》，
　　　《中国城乡金融报》2016年5月12日第1版。

[39] 施维：《立足"三农"开拓蓝海，中粮集团打造——全产业链上的金融支
　　　农模式》，《农民日报》2013年6月17日第1版。

[40] 蔡幼婷：《新时期我国农业经济可持续发展存在的问题及对策探析》，
　　　《现代化农业》2018年第6期。

[41] 张春梅：《绿色农业发展机制研究》，吉林大学博士学位论文，2017年。

[42] 哲欣：《大力发展高效生态农业》，《浙江日报》2005年1月25日。

[43] 文中8种高效生态农业模式主要参照黄国勤等发表于《农学学报》2011年
　　　第9期的《高效生态农业概述》一文归纳而成。

[44] 王艳华：《"互联网+农业"开启中国农业升级新模式》，《人民论坛》
　　　2015年第23期。

[45] 潘启龙：《"互联网+现代农业"的产业链融合创新分析》，《农业经济》
　　　2017年第3期。

[46] 韩建飞：《实践"互联网+农资"的云农场》，《中国工业评论》2016年
　　　第1期。

[47] 郑伦：《做个农场主有多酷？来看看美国的"互联网+农业"》，i天下网
　　　商2015年7月23日，原文链接：http://www.iwshang.com/Post/Default/
　　　Index/pid/239689.html。

[48] 李瑾、郭美荣、高亮亮：《农业物联网技术应用及创新发展策略》，《农
　　　业工程学报》2015年第2期。

[49] 徐元明、孟静、赵锦春：《农业物联网：实施"互联网+现代农业"的技
　　　术支撑——基于江苏省农业物联网示范应用的调查》，《现代经济探讨》
　　　2016年第5期。

[50] 范德贵：《信息不对称条件下"互联网+农产品"销售模式研究——以南宁市石埠郊区农业为例》，《中国市场》2016年第40期。

[51] 宋晓华、尹德斌、杨莉虹：《农村电商渠道发展策略创新探索——以京东B2B2C模式为例》，《商业经济研究》2018年第8期。

[52] 李国英：《"互联网+"背景下我国现代农业产业链及商业模式解构》，《农村经济》2015年第9期。

[53] 吴玉宇、杨珊、张蔚怡：《"互联网+产业链"：农村金融内生化的新路径》，《西部论坛》2015年第5期。

一、著作

[1]　杨伯峻编著：《春秋左传注（修订本）》，中华书局1981年版。

[2]　[汉]司马迁：《史记会注考证》，新世界出版社2009年版。

[3]　宋恩常：《云南少数民族社会调查研究·上集》，云南人民出版社1980年版。

[4]　商业部商业经济研究所：《新中国商业史稿（1949—1982）》，中国财政经济出版社1984年版。

[5]　农民日报社编：《农村政策讲话（1985）》，中国林业出版社1985年版。

[6]　许毅、沈经农主编：《经济大辞典·财政卷》，上海辞书出版社1987年版。

[7]　沈冲、向熙扬主编：《十年来：理论·政策·实践——资料选编（第二册）》，求实出版社1988年版。

[8]　中华人民共和国农业部计划司编：《中国农村经济统计大全（1949—1986）》，农业出版社1989年版。

[9]　商业部政策研究室编：《商业改革文件选编（中编）》，

中国商业出版社1989年版。

[10]　李先念：《李先念文选》，人民出版社1989年版。

[11]　徐世钜：《中国赋税史纪略》，中国财经出版社1991年版。

[12]　徐亚非、温宁军、杨先明：《民族宗教经济透视》，云南人民出版社1991年版。

[13]　全鑫、刘志城、王绍飞主编：《中国税务百科全书》，经济管理出版社1991年版。

[14]　易淮清主编：《中国林业调查规划设计发展史》，湖南出版社1991年版。

[15]　中共中央文献研究室、国务院研究发展中心编：《新时期农业和农村工作重要文献选编》，中央文献出版社1992年版。

[16]　邓力群主编：《当代中国的农业》，当代中国出版社1992年版。

[17]　陈锡文：《中国农村改革：回顾与展望》，天津人民出版社1993年版。

[18]　熊学忠、刘建荣、方虹：《乡镇企业概论》，云南人民出版社1995年版。

[19]　中华人民共和国年鉴编辑部：《中国年鉴1996》，中国年鉴社1996年版。

[20]　《中国轻工业年鉴》编辑部编：《中国轻工业年鉴》，中国轻工业出版社1996年版。

[21]　胡必亮等：《中国的乡镇企业与乡村发展》，山西经济出版社1996年版。

[22]　国家统计局人口和社会科技司编：《中国人口统计年鉴1999》，中国统计出版社1999年版。

[23]　程漱兰：《中国农村发展：理论和实践》，中国人民大学出版社1999年版。

[24]　黄伟民：《国之力：新中国经济纪事》，浙江人民出版社1999年版。

[25]　左云县志编纂委员会编：《左云县志》，中华书局1999年版。

[26]　江苏地方志编纂委员会：《江苏省志·综合经济志》，江苏古籍出版社1999年版。

[27]　中国社会科学院人口研究所编：《中国人口统计年鉴1999》，中国统计出版社1999年版。

[28]　宋文仲、齐兴启：《改革开放以来粮食工作史料汇编》，中国商业出版社2001年版。

[29]　张毅，张颂颂编著：《中国乡镇企业简史》，中国农业出版社2001年版。

[30]　布赫：《中国农村经济与农业法制建设》，中国农业出版社2002年版。

[31]　陆学艺：《三农论》，社会科学文献出版社2002年版。

[32]　李昌平：《我向总理说实话》，光明日报出版社2002年版。

[33]　本书编写组：《中国共产党第十六次全国代表大会文件汇编》，人民出版社2002年版。

[34]　中共中央文献研究室：《十五大以来重要文献选编》，人民出版社2003年版。

[35]　国家税务总局农业税征收管理局编：《中华人民共和国农业税收文件汇编（2003年版）》，中国税务出版社2003年版。

[36]　秦宏毅，王青山：《中国共产党对"三农"问题的历史探

寻》，武汉出版社2004年版。

[37]　危朝安、肖四如等编：《跨越与重构："三农"问题研究》，江西人民出版社2004年版。

[38]　中共中央文献研究室编：《十六大以来重要文献选编》，中央文献出版社2006年版。

[39]　中国农业综合开发年鉴编辑委员会：《中国农业综合开发年鉴（2004）》，中国财政经济出版社2005年版。

[40]　杜润生：《杜润生自述：中国农村体制变革重大决策纪实》，人民出版社2005年版。

[41]　郑师渠主编：《中国近代史（第2版）》，北京师范大学出版社2007年版。

[42]　韩俊：《中国农民专业合作社调查》，上海远东出版社2007年版。

[43]　吕新业、卢向虎：《新形势下农民专业合作组织研究》，中国农业出版社2008年版。

[44]　全国人民代表大会常务委员会法制工作委员会编：《中华人民共和国法律（2008年版）》，中国民主法制出版社2008年版。

[45]　郑伯坤主编：《京郊农民远程教育研究》，中国农业大学出版社2009年版。

[46]　马德秀主编：《上海城乡经济社会发展一体化难题破解研究》，上海交通大学出版社2009年版。

[47]　敖丽红：《县域经济发展与"农三化"互动研究——基于辽宁县域经济发展的实证分析》，东北师范大学出版社2009年版。

[48]　《中共中央国务院关于"三农"工作的一号文件汇编》，

人民出版社2010年版。

[49] 彭新万：《贫困与发展的主导因素——中国农村改革30年制度变迁的经验研究》，经济管理出版社2010年版。

[50] 中共吉安市委党史工作办公室编：《中国共产党吉安历史·第一卷（1921—1949）》，中共党史出版社2011年版。

[51] 徐柏园编：《新农村建设与市场热点研究》，中国商业出版社2012年版。

[52] 申文杰：《我国农民利益保障制度及其现实政治分析》，河北人民出版社2012年版。

[53] 焦光辉：《探索：经济体制的演变与博弈》，陕西人民出版社2014年版。

[54] 王振川主编：《中国改革开放新时期年鉴（2003年）》，中国民主法制出版社2015年版。

[55] 罗兴佐：《水利，农业的命脉：农田水利与乡村治理》，学林出版社2012年版。

[56] 吴德慧主编：《供给侧结构性改革专题解读》，光明日报出版社2016年版。

[57] 罗丹、陈洁等：《新常态时期的粮食安全战略》，上海远东出版社2016年版。

[58] 刘国光：《刘国光经济论著全集·第7卷》，知识产权出版社2017年版。

[59] 于霞：《我国农业发展"黄金十年"的"三农"政策研究（2002—2012年）》，吉林文史出版社2017年版。

[60] 本书编委会：《2017中华人民共和国农业法律法规全书》，中国法制出版社2017年版。

[61] 郭天财：《试论中国的小麦生产与国家粮食安全》，载王

连铮主编：《农业科技创新与生产现代化学术研讨会论文集》，中国农业科学技术出版社2002年版。

[62]　李冬梅：《中国农民的沉重负担及其根源》，载中国农村财政研究会编：《中国"三农"问题研究获奖优秀论文选编（2004）》，经济科学出版社2004年版。

二、论文及报刊文章

[1]　王泽沃、杨运俊、黄士根：《我国渔业经济结构概况》，《农业经济丛刊》1980年第1期。

[2]　石山：《林业在大农业中的地位、作用及大林业的战略思想》，《林业经济》1983年第4期。

[3]　《印发"边疆同志在全国种植业区划工作经验交流会上的总结讲话"的通知》，《农业区划》1983年第6期。

[4]　边疆：《全国农业区划委员会委员、农牧渔业部顾问边疆同志在全国种植业区划工作经验交流会上的总结讲话》，《中国农业资源与区划》1983年第6期。

[5]　姚力文、刘允洲：《全国农村工作会议侧记》，《人民日报》1985年1月16日。

[6]　《中共中央、国务院关于进一步活跃农村经济的十项政策》，《人民日报》1985年3月25日第1版。

[7]　《全面振兴农村经济的积极方针》，《农民日报》1985年1月28日。

[8]　《全国种植业区划系列成果》，《农业区划》1985年第6期。

[9]　冯明放：《土地制度改革中的适度规模经营问题》，《理论导刊》1988年第6期。

[10]　中央农村政策研究室农村调查办公室：《农村改革与农

民——对一万余户农民的问卷调查》，《农业经济问题》1988年第8期。

[11] 华农：《有关部门制定我国乡镇企业三年治理整顿规划》，《中国科技信息》1990年第5期。

[12] 农业部乡镇企业司统计处：《1989年全国乡镇企业整顿及其经济效益情况》，《广东商学院学报》1990年第1期。

[13] 江苏省农村发展研究中心课题组：《对苏南农业适度规模经营的研究》，《农业经济问题》1992年第3期。

[14] 陈宏恩：《土地适度规模经营与荒地开发——河北省南皮县荒地开发的启示》，《中国生态农业学报》1993年第2期。

[15] 鲍有悌：《中国农业剩余劳动力转移研究报告》，《经济研究参考》1993年第6期。

[16] 朱希刚：《提高农民收入的政策思考》，《农业技术经济》1993年第4期。

[17] 《关于表彰1000家全国最佳经济效益乡镇企业的决定（农企发〔1994〕38号）》，《中国乡镇企业会计》1994年第12期。

[18] 李占祥：《又见齐鲁赶新潮——山东省实施农业产业化战略纪实》，《农村工作通讯》1994年第3期。

[19] 高莹：《论发展我国农村第三产业》，《辽宁大学学报（哲学社会科学版）》1994年第4期。

[20] 喻国华：《扩大土地经营规模实践与讨论》，《农业技术经济》1995年第6期。

[21] 李京文：《中国乡镇企业发展成就与展望》，《江汉论坛》1995年第5期。

[22]　上海社科院经济所发展室：《农业劳动力转移：一个跨世纪的历史难题》，《上海经济研究》1995年12期。

[23]　张建军：《小城镇，圆了农民的梦》，《经济参考报》1995年8月26日。

[24]　《"反租倒包"防止土地抛荒弃耕》，《新农业》1995年第10期。

[25]　段福林：《规模经营为农机化提供了新机遇》，《湖南农机》1996年第2期。

[26]　张桐：《全国乡镇企业的发展成就及展望》，《经济研究参考》1996年第45期。

[27]　陈廷煊：《建国以来农业剩余劳动力转移的历史进程何特点》，《当代中国史研究》1996年第1期。

[28]　武都县农业办公室：《效应缘于机制创新：玉皇乡农民自筹资金办水利的调查》，《甘肃农业》1996年第11期。

[29]　徐合颖：《建立土地流转机制是重新激活农村生产力的根本途径——安徽省阜阳市土地流转经营的调查与思考》，《中国农村经济》1997年第4期。

[30]　王娅：《关停"十五小"》，《环境教育》1997年第2期。

[31]　夏安宁：《培育龙头企业是实现农业产业化的关键——安徽省农业产业化调查与思考》，《经济理论与经济管理》1997年第5期。

[32]　郜峻岭：《农村第三产业发展的约束与潜力》，《决策参考》1997年第7期。

[33]　徐杨：《农村工业化、城市化与农业剩余劳动力的转移》，《中国经济问题》1998年第6期。

[34]　韩俊、姜长云：《中国农村经济结构的变革与国民经济发展：

回顾、评价与思考》，《经济研究参考》1999年第88期。

[35]　邓隽、易法海：《优化农村产业结构，促进农村经济增长》，《华中农业大学学报（社会科学版）》2000年第4期。

[36]　封进、钟甫宁：《农村产业结构调整与农村第三产业发展》，《安徽农业大学学报（社会科学版）》2000年第3期。

[37]　尹光红、田中玉：《当前我国粮食若干问题的分析和探讨》，《农业信息探索》2000年第4期。

[38]　蒋健安：《辩证地看待我国粮食过剩问题》，《中国粮食经济》2000年第8期。

[39]　祸海霞：《中国农民收入问题研究》，东北农业大学硕士学位论文，2001年。

[40]　胡继连、苏百义、周玉玺：《小型农田水利产权制度改革问题研究》，《山东农业大学学报（社会科学版）》2000年第3期。

[41]　蒋和平：《我国农业科技园区特点和类型分析》，《中国农村经济》2000年第10期。

[42]　《中共中央、国务院关于做好2001年农业和农村工作的意见》，《人民日报》2001年2月13日。

[43]　曹利群、周立群：《回归农业：乡镇企业二次创业的路径选择》，《社会科学》2001年第5期。

[44]　宋金平、王恩儒：《中国农业剩余劳动力转移的模式与发展趋势》，《中国人口科学》2001年第6期。

[45]　王清峰：《对农村产业结构优化调整的思考》，《学术交流》2001年第2期。

[46]　《关于京郊乡镇企业重组转制的调研》课题组：《关于京郊乡镇企业重组转制的调查报告》，《北京农业职业学院

学报》2002年第1期。

[47]　杜吟棠：《我国农民合作组织的历史和现状》，《经济研究参考》2002年第25期。

[48]　梅建明、靖玉新：《农业技术创新的障碍及对策》，《上海经济研究》2002年第4期。

[49]　孙言雅：《论1978—1990年我国农业产业结构的变革》，郑州大学硕士学位论文，2003年。

[50]　宝贡敏、陈祥槐、莫秀德：《乡镇企业的重组：理论、实践与创新》，《中国软科学》2003年第3期。

[51]　赵尔烈：《我国农产品流通的发展现状和趋势》，《中国供销合作经济》2003年第12期。

[52]　张政清：《对我国农业科研体制创新不足的制度经济学思考》，《技术经济》2003年第6期。

[53]　刘艳梅：《论WTO规则与中国农业对外贸易》，《社会科学辑刊》2003年第5期。

[54]　水利部农村水利司供稿：《各地农田水利基本建设情况》，《中国水利》2004年第23期。

[55]　张邦松：《减免农业税：乡镇财政再变局》，《新闻周刊》2004年3月29日。

[56]　王澜明、邹锡明等：《问民哪得乐如许，只因惠民新政来：取消农业税后陕西关中农村调研手记》，《农民日报》2005年11月10日第2版。

[57]　杨学良、杨晓林：《山东精简半数以上乡镇机构》，《中国财经报》2005年7月12日第2版。

[58]　李志萌：《现代农产品流通体系的构建与完善》，《农林经济管理学报》2005年第1期。

[59] 李春成、李崇光：《完善我国农产品流通体系的几点思考》，《农村经济》2005年第3期。

[60] 哲欣：《大力发展高效生态农业》，《浙江日报》2005年1月25日。

[61] 罗兴佐、刘书文：《市场失灵与政府缺位——农田水利的双重困境》，《中国农村水利水电》2005年第6期。

[62] 刘铁军：《小型农田水利设施治理模式研究》，《水利发展研究》2006年第6期。

[63] 陈延、姚巨才：《宁夏乡镇精简节支9000万》，《中国财经报》2006年9月2日。

[64] 巴志鹏：《新时期中国农民负担的历史演变》，《党史文苑（学术版）》2006年18期。

[65] 梅福林：《我国农村土地流转的现状及对策》，《决策参考》2006年第10期。

[66] 邓若鸿、陈晓静、刘普合、于朝江：《新型农产品流通服务体系的协同模式研究》，《系统工程理论与实践》2006年第7期。

[67] 张学兵：《粮食统购统销制度解体过程中的历史考察》，《中共党史研究》2007年第3期。

[68] 高芸：《"以粮为纲"政策的实施对陕北黄土丘陵沟壑区水土保持工作的影响》，陕西师范大学硕士学位论文，2007年。

[69] 戴小枫、张振华、边全乐：《关于中国农业科研性质与深化体制改革的若干思考》，《中国农学通报》2007年第10期。

[70] 刘颖芳、胡桂兰、寇建平：《大力发展绿色证书培训，建立农民培训长效机制》，《农业科技管理》2007年第2期。

[71] 韩为卿：《河南多方出资共建"新农村书屋"》，《中国

新闻出版报》2007年9月26日第10版。

[72] 石红梅：《农业产业化与特色农业的发展——以安溪茶产业发展为例》，《农业经济问题》2007年第4期。

[73] 孟小鹤、孟宪刚：《我国农业税的演进过程》，《辽宁税务高等专科学校学报》2007年第2期。

[74] 刘学侠：《土地股份制：中国农村土地制度改革的方向》，《农业经济问题》2007年第7期。

[75] 李忠杰：《改革开放的历史进程和启示》，《南京师范大学学报（社会学科版）》2008年第6期。

[76] 田毅：《乡镇企业"异军突起"的前前后后——专访农业部乡镇企业局原副局长张毅》，《中国乡镇企业》2008年第12期。

[77] 赵建华：《农产品绿色壁垒制度化与发展绿色农业战略研究》，吉林大学博士学位论文，2008年。

[78] 祁建平、王琦霞：《河北张家口市大力推行农业标准化提升农产品品质：蔬菜出口翻番，农民收入增加》，《中国质量报》2008年1月7日第2版。

[79] 汪旭辉：《农产品流通体系现状与优化路径选择》，《改革》2008年第2期。

[80] 刘文涛、黄萍等：《农业信息化助推新兴市场建设》，《中国农村经济》2008年第9期。

[81] 马健：《南海模式：创新与困局——对南海土地股份合作制发展状况的调查》，《农村工作通讯》2008年第17期。

[82] 《农业降成本：限价+直补+配方肥》，《中国农资》2008年第9期。

[83] 彭新万：《粮改30年：新制度经济学视域中的制度演进与农

民收入变动》，《江西财经大学学报》2009年第1期。

[84]　王瑞芳：《统购统销政策的取消与中国农村改革的深化》，《安徽史学》2009年第4期。

[85]　胡瑞法、梁勤、黄季焜：《中国私部门农业研发投资的现状和变化趋势》，《中国软科学》2009年第7期。

[86]　周波：《浅析政府农业科技推广职能的缺失》，《福建论坛（人文社会科学版）》2009年第8期。

[87]　申恒胜：《农村土地流转的理论、经验及预测——基于河北青县的实证调查》，《东南学术》2009年第4期。

[88]　郭崇义、庞毅：《基于流通实力的农产品流通模式选择及优化》，《北京工商大学学报（社会科学版）》2009年第4期。

[89]　王斌、于淑华：《中国农产品流通发展报告（上）》，《中国流通经济》2009年第1期。

[90]　李新、王家农、王昕：《移动通讯在农产品市场信息服务中的应用》，《农业网络信息》2010年第4期。

[91]　黄祖辉、俞宁：《新型农业经营主体：现状、约束有发展思路——以浙江省为例的分析》，《中国农村经济》2010年第10期。

[92]　王清：《地方财政视角下的制度变迁路径分析——以当代中国城市户籍制度改革为例》，《武汉大学学报（哲学社会科学版）》2011年03期。

[93]　曹克河：《农业产业化发展模式研究——以山东省泰安市为例》，山东农业大学硕士学位论文，2010年。

[94]　韩为卿：《河南已落实农家书屋工程建设资金5.3亿元》，《中国新闻出版报》2011年3月31日第1版。

[95]　柯昌万：《人人技能工程、一网两工程、现代农业职教发

展工程，搭起职教富民大舞台——"三把火"点亮陕西职教》，《中国教育报》2011年11月7日第1版。

[96] 林宏程：《关于农业科技体制改革与农业产业化发展的思考》，《广东农业科学》2011年第4期。

[97] 李春海、张文、彭牧青：《农业产业集群的研究现状及其导向：组织创新视角》，《中国农村经济》2011年第3期。

[98] 刘兰艳、王恒建：《以特色产业为龙头，推动农业产业化发展》，《现代农业》2011年第8期。

[99] 王勇、孙美玉、王艺璇、王凤宏：《构建新型农产品协议流通模式》，《农业经济》2010年第1期。

[100] 倪秋萍：《我国农产品流通体系发展现状及对策》，《技术与市场》2011年第7期。

[101] 蔡春红：《"十二五"期间应进一步巩固和推进"万村千乡市场工程"》，《中国经济时报》2011年5月26日第8版。

[102] 冯伟：《我国农产品流通模式与体系建设分析》，《农村金融研究》2011年第11期。

[103] 王建增：《新农村建设背景下我国新型农业社会化服务体系建设研究》，《安徽农业科学》2011年第33期。

[104] 黄国勤、赵其国、龚绍林、石庆华：《高效生态农业概述》，《农学学报》2011年第9期。

[105] 车明朝：《实施"百万中专生计划"，培育新型职业农民——全国农广校实施"百万中专生计划"培训新型职业农民座谈会在潍坊召开》，《中国职业技术教育》2012年第34期。

[106] 陈锡文：《以农民为本，是农业农村发展之本》，《人民日报》2012年9月14日第6版。

[107] 倪文、郭妍：《我国农业产业化经营模式的构建及评价》，《商业时代》2012年10期。

[108] 孙勇智、孙启明：《信贷模式创新、金融支持与农村经济发展：以黑龙江省为例》，《当代经济研究》2013年第7期。

[109] 刘雨松、刘新智：《我国农户创业与金融支持的关系研究：基于我国1992—2011年的数据分析》，《新疆农垦经济》2013年第4期。

[110] 闫小欢、霍学喜：《农民就业、农村社会保障和土地流转——基于河南省479个农户调查的分析》，《农业技术经济》2013年第7期。

[111] 吕晨光、杨继瑞、谢菁：《我国农村土地流转的动因分析及实践探索》，《经济体制改革》2013年第6期。

[112] 周晓平、王宝恩、由国文、朱东恺：《基于和谐用水的组织创新：农民用水者协会》，《水利发展研究》2008年第2期。

[113] 罗义云：《农田水利市场化供给面临的问题及对策》，《调研世界》2008年10期。

[114] 贾俊民、葛文光：《关于三农概念与三农问题提法的考察》，《中国农村观察》2013年第5期。

[115] 施维：《立足"三农"开拓蓝海，中粮集团打造——全产业链上的金融支农模式》，《农民日报》2013年6月17日第1版。

[116] 钱茂伟：《公众史学的定义及学科框架》，《浙江学刊》2014年第1期。

[117] 黄珊、周立华、陈勇、路慧玲：《近60年来政策因素对民勤生态环境变化的影响》，《干旱区资源与环境》2014年第7期。

[118] 丁秋丹：《我国农地规模经营及其模式选择研究》，延安大学硕士学位论文，2014年。

[119] 管叔琪、王光宇：《积极推进土地流转，促进农业经营主体创业成长》，《农业科技管理》2014年第1期。

[120] 中国人民银行乌鲁木齐中心支行课题组：《金融支持新疆新型农业经营主体发展研究》，《金融发展评论》2014年第7期。

[121] 高强、孔祥智：《中国农业结构调整的总体估价与趋势判断》，《改革》2014年第11期。

[122] И.М.萨维利耶娃著，张广翔、李振文译：《"公共史学"刍议》，《社会学科战线》2015年第10期。

[123] 刘洪辞、查婷俊：《粮食流通体制改革的制度经济学分析》，《粮食经济研究》2015年第1期。

[124] 孙立刚、刘献良、李起文：《金融支持新型农业经营主体的调查与思考》，《农村金融研究》2015年第5期。

[125] 戴超、卢朝阳、张磊：《蒙城县推行农村土地互换并块、户均"一块田"工作调查研究》，《农民致富之友》2015年第20期（下半月）。

[126] 李明达：《开启"捆绑"销售模式，组合出击效果凸显》，中国八五九网2015年10月20日，原文链接：http://www.china859.com/html/14803.html。

[127] 王艳华：《"互联网+农业"开启中国农业升级新模式》，《人民论坛》2015年第23期。

[128] 李瑾、郭美荣、高亮亮：《农业物联网技术应用及创新发展策略》，《农业工程学报》2015年第2期。

[129] 吴玉宇、杨珊、张蔚怡：《"互联网+产业链"：农村金融内生化的新路径》，《西部论坛》2015年第5期。

[130] 郑伦：《做个农场主有多酷？来看看美国的"互联网+农业"》，i天下网商2015年7月23日。

[131] 李国英：《"互联网+"背景下我国现代农业产业链及商业模式解构》，《农村经济》2015年第9期。

[132] 杨欢、李云胜：《关于合肥粮票的传奇故事，我也是听爷爷说的》，《合肥晚报》2016年10月30日。

[133] 汪发源、吴学兵、孙文学：《农业创业中新型农业经营主体带动效应影响因素分析——基于湖北省713家新型农业经营主体调研数据分析》，《干旱区资源与环境》2016年第10期。

[134] 祝卫东、陈春良：《2016年中央一号文件解读之二：做好农业供给侧结构性改革这篇大文章》，《农村工作通讯》2016年第4期。

[135] 黄祖辉、傅琳琳、李海涛：《我国农业供给侧结构调整：历史回顾、问题实质与改革重点》，《南京农业大学学报（社会科学版）》2016年第6期。

[136] 姜长云：《关于发展农业生产性服务业的思考》，《农业经济问题》2016年第5期。

[137] 芦千文、姜长云：《我国农业生产性服务业的发展历程与经验启示》，《南京农业大学学报（社会科学版）》2016年第5期。

[138] 刘楠：《我国农业生产性服务业发展模式研究》，北京科技大学博士学位论文，2017年。

[139] 吴昕丽、徐士忠：《辽宁分行推出政府增信融资模式破解农民贷款难》，《中国城乡金融报》2016年5月12日第A1版。

[140] 曾福生：《降成本：农业供给侧改革"重头戏"》，《湖南日报》2016年3月21日第12版。

[141] 孔祥智：《农业供给侧结构性改革的基本内涵与政策建议》，《改革》2016年第2期。

[142] 梁立华：《农村地区第一、二、三产业融合的动力机制、

发展模式及实施策略》,《改革与战略》2016年第8期。

[143] 徐元明、孟静、赵锦春:《农业物联网:实施"互联网+现代农业"的技术支撑——基于江苏省农业物联网示范应用的调查》,《现代经济探讨》2016年第5期。

[144] 韩建飞:《实践"互联网+农资"的云农场》,《中国工业评论》2016年第1期。

[145] 李国祥:《推进我国农业供给侧结构性改革》,《中国青年报》2016年2月3日。

[146] 范德贵:《信息不对称条件下"互联网+农产品"销售模式研究——以南宁市石埠郊区农业为例》,《中国市场》2016年第40期。

[147] 周娟、宋乃平、李团胜、潘军、安超平、谢应忠:《1964—1970年盐池荒漠草原村土地利用变化对"以粮为纲"政策的响应》,《干旱地区农业研究》2017年第4期。

[148] 张俊飚、赵博唯:《供给侧改革背景下绿色食品产业转型升级的思考》,《中南民族大学学报(人文社会科学版)》2017年第4期。

[149] 王运浩:《推动绿色食品有机食品发展,助力农业供给侧结构性改革》,《农民日报》2017年1月。

[150] 王红、王鄂湘:《农业产业结构优化调整与农业经济增长关系研究——以湖南省为例》,《中南林业科技大学学报》2017年第6期。

[151] 徐明:《金融活水润"三农"——党的十八大以来农业金融改革创新综述》,《农村经营管理》2017年第10期。

[152] 潘启龙:《"互联网+现代农业"的产业链融合创新分析》,《农业经济》2017年第3期。

[153] 张春梅:《绿色农业发展机制研究》,吉林大学博士学位

论文，2017年。

[154] 王向阳：《反租倒包再认识：内涵、基础与实践机制——基于沈阳市苏家屯D村的调研》，《关东学刊》2017年第10期。

[155] 姜晓晓：《刍议农村金融、财政支农与农村经济发展》，《产业创新研究》2018年第4期。

[156] 黄春英：《黑龙江省"农业担保"惠及农民5万多户》，《农村百事通》2018年第4期。

[157] 赵海：《金融服务乡村振兴的几点思考》，《中国农民合作社》2018年第3期。

[158] 蔡元杰：《经营主体降成本提效益须多处着力——浙江新型农业经营主体农业生产经营成本现状调查》，《农村经营管理》2018年第4期。

[159] 蔡幼婷：《新时期我国农业经济可持续发展存在的问题及对策探析》，《现代化农业》2018年第6期。

[160] 宋晓华、尹德斌、杨莉虹：《农村电商渠道发展策略创新探索——以京东B2B2C模式为例》，《商业经济研究》2018年第8期。

[161] 杨晓光、樊杰：《20世纪90年代中国乡镇企业变革及其地方效应》，《地理学报》2008年第12期。

后记

　　2018年是中国改革开放40周年。作为出生年份与改革开放相差只有3年、研习历史学13年以及本科毕业于国家重点高等农业院校已15年的我，在这样的年份写作编著这样的一部著作，是十分有意义和荣幸之事。

　　因为这一书稿的写作，学习和研究中国历史以及民俗学多年的我，在不到一年时间内迅速地补上了有关于中国农业发展和城乡关系的诸多知识，这于我而言又是一件幸运的事。同时，因为写作书稿，我对中国传统小农经济和农业发展有了概况式的认知，也对中国社会的历史渊源及人地互动下农业的内涵有了更为深刻的感知。

　　面临着繁重的教学任务与科研工作，我能够在较短内将此书稿完成，更要感谢一直以来默默支持和陪伴的家人。他们分别是一直陪伴着我成长的家严赵先生、家慈李女士，外子汤树明同学以及双妹赵李媛女士、赵李敏女士，特别感谢赵李媛女士在本书写作修改过程中所做的文献核对和一些文字工作，而小女平平的出生也令我更加懂得珍惜时光的道理。当然还要感谢我的师长和小伙伴们在这一年内对我的帮助和照拂。因为有了家人和师友的关怀，我才感到前进路上，吾道不孤。谢谢！

　　是以为记。

　　　　　　　　　　　　　　　　　赵李娜

　　　　　　　　　2019年11月6日于上海罗秀路